Niemals war mehr Anfang als jetzt.

(Walt Whitman)

© 2022 Dr. Nadine Nowakowski

1. Auflage

Herausgeber: Dr. Nadine Nowakowski

Autoren: Dr. Nadine Nowakowski, Stefan Warnke

Umschlaggestaltung, Illustration: B.E.S.T. Kommunikation

Lektorat, Korrektorat: Anna Schumacher

Printed in Germany

ISBN: 978-3-00-072551-7

Dr. Nadine Nowakowski, Stefan Warnke

Reboarding ins Leben

(K)eine Krise für immer

Reboarding ins Leben – (k)eine Krise für immer

Bevor Sie umblättern ...

... scannen Sie JETZT den QR-Code ...
(Öffnen Sie die Kamera Ihres Smartphones und hal-
ten Sie diese auf den Code – drücken Sie Play und
los geht es!)

... oder geben Sie folgenden Link ein:

https://www.nowakowski-akademie.de/spezials/reboar-
ding_video/

REBOARDING INS LEBEN – (K)EINE KRISE FÜR IMMER

Da ist er wieder, dieser eine Moment, der uns ein Lächeln ins Gesicht zaubert.

Wissen Sie noch? Früher, als sprichwörtlich alles besser war ...

Sie und dieser Moment der Unbeschwertheit, für den Sie so vieles tun würden, könnten Sie ihn doch nur zurückholen, einfach die Zeit zurückdrehen und so richtig genießen ...

... und dann ist er wieder da. Dieser Moment, in dem uns bewusst wird, dass unsere Traumwelt der aktuellen Realität nicht mehr entspricht.

Wir leben in einer Zeit, in der es keine einheitliche Wahrheit gibt.

Die Wahrnehmung wird größtenteils durch soziale Medien beeinflusst und gesteuert, viele wissen nicht mehr, was sie noch glauben sollen. Spaltungen finden statt, überall auf der Welt protestieren Menschen.

Corona, Kontaktbeschränkungen, Homeoffice, Long-Covid, Fakenews, Propaganda, Ukraine-Krieg, Wirtschafts-, Flüchtlings- und Klimakrise – Negativität und Dauerkrisenszenarien sind allgegenwärtig.

Aktuell sprechen wir von einer Dauerkrise, besser gesagt einem Zustand von diversen Miseren, von denen wir nicht wissen, wann sie enden. Wir reagieren alle unterschiedlich, aber emotional auf Krisenszenarien.

Sie führen zu einem erhöhten Druck, zu psychischen, physischen, gesundheitlichen und finanziellen Belastungen.

Es droht ein Gefühl von Kontrollverlust, wie ein Verlust der Tagesstruktur, der Perspektive, der sozialen Kontakte bis hin zum Ausfall der eigenen Initiative.

Existenzängste, Alkoholkonsum, Stress und Krankheiten wie Depressionen nehmen zu.

Alle Menschen auf diesem Planeten sind (Dauer-)Krisenszenarien ausgesetzt, müssen damit leben. Dazu gehört es auch, Veränderungen und ihre eigenen Rahmenbedingungen zu akzeptieren und damit umzugehen.

Leichter gesagt als getan. Denn der Umgang mit jeglichen (unvorhersehbaren) Veränderungsprozessen fällt uns als „Gewohnheitstieren" sehr schwer.

Fakt ist: Veränderungsprozesse erfordern die Übernahme der Verantwortung für unser Handeln mit allen Konsequenzen und die Einlassung auf einen entsprechenden Anforderungskatalog. Viele Menschen sind im Umgang mit diesen Veränderungen schlichtweg überfordert oder haben noch nicht die passende Strategie gefunden.

Fakt ist auch, dass wir mit Dauerkrisen nur umgehen können, vielmehr noch: ihnen nur dann die Stirn bieten können, wenn wir erkennen, welchen Beeinflussungsversuch die einzelnen Komponenten auf unsere Gedanken, Gefühle und Handlungen unternehmen.

An dieser Stelle gibt das vorliegende Buch Hilfestellung beim sogenannten Reboarding ins Leben.

Reboarding[1]

Mit Reboarding ins Leben ist der gezielte strategische Umgang mit (Dauer-)Krisen (oder mit für Sie schwierigen/ problematischen Situationen) gemeint mit dem Ziel, einen Wiedereinstieg in ein positives Leben zu erreichen.

Wir Autoren möchten keinerlei Angst verbreiten. Nichts liegt uns ferner – insbesondere mir als Wirtschaftspsychologin. Wir sollten aber nicht die Augen vor der Wahrheit verschließen und ehrlich zu uns und anderen sein.

---

[1] Am Rande:
Die Medien kommunizieren aktuell im Zusammenhang mit Reboarding den Wiedereinstieg ins Unternehmen bzw. ins Büro. Dieser Definition schließen wir uns in Teilen an, lassen aber bewusst Freiraum zur eigenen Definition/Interpretation. Unserer Auffassung nach beinhaltet Reboaring mehr als nur den Wiedereinstieg im geschäftlichen Sinne. Es gibt unzählige Situationen, die einen Wiedereinstieg speziell INS LEBEN benötigen.

Fakt ist: Wir sind erst am Anfang von schwierigen Situationen angekommen. Die Konsequenzen des Flüchtlingsstroms aus der Ukraine, auch das Ausmaß der wirtschaftlichen Folgen durch Corona oder den Ukraine-Krieg sind längst nicht absehbar.

So verschieden und uneinig sich unsere Klienten auch manchmal sind, unterm Strich stimmen sie alle in einem Punkt überein: *„Gerade weil wir erst am Anfang stehen, ist es höchste Zeit, Maßnahmen und Techniken einzusetzen, die ein Reboarding ins Leben ermöglichen."*

Krisenszenarien sind immer ein Schlag ins Gesicht.
Sie betreffen uns alle bzw. können uns alle treffen, denn wir leben gemeinsam in einem System. Dieses System, in dem wir handeln und arbeiten, wird von jedem einzelnen Menschen getragen.
Schwierige Situationen machen etwas mit Menschen. Sie beeinflussen uns psychisch, körperlich und manchmal auch finanziell.

Gerade deshalb betreffen die in diesem Buch vermittelten Strategien zum Umgang mit (Dauer-)Krisenszenarien auch Sie. Es geht um psychologische und finanzielle Freiheit bzw. um ein selbstbestimmtes Leben. Dabei ist es irrelevant, ob Sie eine Funktion als Geschäftsführer, als Azubi, als Privatier, als Selbständiger, als Hausfrau/Hausmann, als Studierender, als Schüler … haben.

GESCHENKE FÜR VERÄNDERUNGEN UND GELEGENHEITEN

Wir können Krisen oder schwierige Situationen als Sache nicht steuern, wir können auch nicht absehen, wann und ob diese enden. Ebenso wissen wir nicht, ob nach der Krise die nächste folgt.

Krisen streuen nicht nur Unsicherheit, sie zeigen immer die dunkle Seite der Medaille wie Angst, Wut, Trauer, Frustration, Einsamkeit, Verzweiflung usw.

Alle schwierigen Situationen bringen vor allem eins mit sich: Sie bringen (unvorhersehbare) Veränderung.

Das Problem: Wir Menschen sehen in keiner Weise einen Anlass, eine Veränderung zuzulassen. Gezwungenermaßen agieren wir nicht, sondern reagieren in eine bestimmte Richtung.

Angesichts eines Reboardings ins Leben müssen wir vom „Reagieren" ins „Agieren" übertreten. Denn was wir mit Sicherheit steuern können, sind die Sichtweise auf die Situation, der Umgang mit Unsicherheit und die Klarheit über den Willen zur Veränderung innerhalb der Veränderung.

Da sind wir aber an drei Knackpunkten angekommen, nämlich der Bequemlichkeit, der Sicherheit und dem Risiko.

Selbstverständlich ist es wesentlich bequemer, Veränderungen zu vermeiden und mit dem Strom zu schwimmen. Es ist auch sicherer, denn schließlich werden wir in diesem

Buch immer wieder von Krisen, Unsicherheit, negativen Gefühlen und Stress sprechen.

Hinzu kommt, dass es uns Menschen wichtiger ist, Schmerz zu vermeiden als Freude zu gewinnen, und wir tendenziell auch so handeln.

Wie ist das gemeint?

Hierzu ein Beispiel: Sie finden die Rahmenbedingungen im Homeoffice gar nicht so schlecht. Sie sparen sich Zeit und Geld, weil die Fahrtkosten wegfallen, und sind kreativer in der Alltagsplanung mit Ihrem Kind geworden. Ihr Unternehmen bietet Homeoffice ausschließlich bei gesetzlichen Vorgaben oder in äußersten Notfällen an.

Somit müssen Sie in naher/ferner Zukunft wieder täglich vor Ort Ihre Arbeit verrichten.

Ist es nicht wesentlich einfacher und bequemer, zu reagieren und in Selbstmitleid zu versinken, sich ggf. noch mit anderen Menschen zu messen, anstatt zu agieren und sich durch Strategien dieses Buches zu quälen, um irgendwann in weiter Ferne einen Wiedereinstieg in ein positives Leben am Arbeitsplatz zu erlangen?

Ja, ist es! Wir Autoren geben Ihnen vollkommen recht!

Warum nicht mit dem Strom schwimmen, wenn es alle tun?

Dieses Verhalten spart zusätzlich noch Zeit und Nerven.

Dabei gibt es aber einen Denkfehler.

Was würde passieren, wenn wir den Blickwinkel, die Perspektive wechseln:

Wer sagt denn, dass wir durch das Verhalten ausschließlich, immer nur negative Gefühle vermeiden?

Es könnte genauso gut sein, dass wir positive Gefühle durch die Vermeidung verpassen, oder?

Was wäre, wenn wir noch einen Schritt weitergehen und die andere Seite der Medaille betrachten?

Dann würden wir Krisen und unangenehme Situationen als Geschenke für Veränderungen und Gelegenheiten ansehen.

Genau dann wäre unsere größte Krise, dass wir keine Krise haben sollten.

Bereits John F. Kennedy drückte es so aus: „ Das Wort Krise setzt sich im Chinesischen aus zwei Schriftzeichen zusammen – das eine bedeutet Gefahr und das andere Gelegenheit."[2]

Auch Albert Einstein postulierte, Krisen zu nutzen:

„Eine Krise ist der größte Segen für Menschen und Nationen, denn Krise bringt Fortschritt ... Wer mit der Krise seine

---

[2] Umstritten ist immer wieder, ob „Krise" im Chinesischen auch mit dem Wort „Chance" gleichzusetzten ist. Auch wenn dieses Zitat bereits sehr abgegriffen ist, ist das Entscheidende dennoch die positive Bedeutung, die hier der Krise zukommt.

eigene Niederlage erklärt, vergewaltigt sein schöpferisches Potenzial und sucht mehr nach den Problemen, anstatt nach Lösungen."

Tatsache ist, dass auch wir Autoren nicht absehen können, welche Szenarien sich wann und wie entwickeln. Fakt ist aber, dass wir Ihnen mit „Reboarding ins Leben – (k)eine Krise für immer" ein Werkzeug an die Hand geben und somit einen Beitrag leisten, dass Sie einen Wiedereinstieg in ein positives Leben erreichen können.

Ergreifen wir gemeinsam die Chance und lassen die Situation **FÜR** *und nicht gegen uns arbeiten!*

WAS SIE ERWARTET

Wir Autoren stellen Ihnen verschiedene Ansätze mit Tipps, Techniken, Fakten und Erfahrungswerten für den Umgang mit Krisenszenarien bereit.

Dr. Nadine Nowakowski behandelt den (wirtschafts-)psychologischen Teil zur Verhaltensoptimierung und Stefan Warnke (Hausmeister Shanghai) kümmert sich um die Themen Finanzen, China, Portfolio-Strategie, Immobilien, selbstbestimmtes Leben und Investieren.

Das Buch ist im ersten (wirtschaftspsychologischen) Teil derart aufgebaut, dass Sie Schritt für Schritt sich und den (Hinter-)Grund Ihrer Gefühlszustände[3] bei (Dauer-)Krisenszenarien kennenlernen. Durch Übungen und Techniken, die Sie sofort ausprobieren können, werden Sie die unterschiedlichen Situationen einordnen und „händeln" können. Während der erste Teil als Leitfaden zum Reboarding ins Leben genutzt werden kann, dessen Fokus auf der eigenen Krisen-Analyse und strategischen Umsetzung liegt, setzt der zweite Teil den Schwerpunkt auf beschriebene Erfahrungswerte samt Fakten und Tipps zur finanziellen Freiheit bzw. einem selbstbestimmten Leben[4].

---

[3] Siehe hierzu auch das Buch „Gift im Kopf – Wege durch die Pandemie" von Dr. Nadine Nowakowski.
[4] *Dr. Nadine Nowakowski führt und erklärt Fachbegriffe direkt im Text an. Im Teil von Stefan Warnke entnehmen Sie die Fachbegriffe bitte dem entsprechenden Glossar.*

Bei beiden Teilen werden Sie sich an der einen oder anderen Stelle wiederfinden.

Mit der Absicht, dass Sie Hintergründe zu Ihrem Handeln erkennen und somit Aha-Effekte entstehen, haben wir das Buch für den täglichen Einsatz konzipiert.

Dabei ist es uns ein großes Anliegen, dass Sie die Übungen und Techniken praktisch ausprobieren und leicht anwenden können.

Wichtige Leitinformationen, Tipps und Übungen sind speziell gekennzeichnet.

Wir möchten bewirken, dass Sie die Vorteile von Verhaltensänderungen erkennen, wenn Sie die Hintergründe von Krisenszenarien näher kennen lernen.

Kurz und knapp ...

Sie werden in diesem Buch damit konfrontiert werden, wie Sie TROTZ (Dauer-)Krisenszenarien Ihre Psyche und Ihre Finanzen so steuern können, dass Ihr Leben positiv erfüllt ist.

Dr. Nadine Nowakowski

Reboarding
...ins Leben

Umgang mit Krisen. Strategien zum Aushalten von
Dauerkrisenszenarien - Resilienzstärkung - Denkhilfen

„KRISEN KOMMEN GRATIS
UND MANCHMAL NICHT UMSONST".

Inhalt

Teil 1 – Dr. Nadine Nowakowski

KRISEN KOMMEN GRATIS UND MANCHMAL NICHT UMSONST

Das Leben ist voller Geschichten. Sie sind es, die das Leben schreiben, facettenreich und völlig ungeschminkt.

Manchmal erzählen wir sie uns selbst, manchmal anderen. Zurückblickend stellen wir uns häufig die Frage, wie dieses oder jenes passieren konnte, oder sind dankbar, dass genau dies geschah.

Ich möchte Ihnen die Geschichte einer Frau erzählen.

Diese Frau wuchs in einem harmonischen Umfeld auf, genoss eine gute Ausbildung und machte sich mit 18 Jahren selbständig. Mit ihren fast 40 Jahren ist sie heute Inhaberin von drei Firmen, Wahlkampfmanagerin und Autorin von drei Büchern. Namhafte Experten raten ihr, als Oberbürgermeisterin oder für den Bundestag zu kandidieren, Headhunter kommen wegen Anfragen bezüglich einer Professur auf sie zu. Diese Frau berät Schüler, Studenten, den Nachbarn und Freunde von nebenan – nicht selten bei Problemen oder Krisen. Geschäftsleute suchen ihren Rat, sie arbeitet mit ihnen und bildet sie aus.

In ihrer Freizeit geht sie zum Sport, trifft sich mit Freunden oder sieht einfach nur eine Serie im Fernsehen an.

Das war nicht immer so. Kurz nach der Eröffnung ihrer ersten Firma befand sie sich in einer finanziellen Misere. Sie hatte den klassischen Anfängerfehler des „Gewinn = Umsatz"-Prinzips gemacht und investierte das Geld in Reisen, Luxusartikel wie Champagner oder in Freunde, die mehr nahmen, als sie gaben.

Vor ein paar Jahren hatte sie zu kämpfen, als sie nach ihrer Dissertation zusammenbrach. Sie schrieb diese in Rekordzeit, arbeitete zusätzlich und bekam über einen Zeitraum von zwei Jahren täglich nur vier Stunden Schlaf.

Kurz nach dieser Zeit und mitten im Aufbruch, in vollem Tatendrang begann eine unbekannte, unsichtbare Bedrohung namens Corona in der Welt zu wüten. Es herrschte Lockdown, ihre Schulungen und Beratungen wurden auf unbestimmte Zeit verschoben oder auf „Eis" gelegt, keiner wusste oder weiß – auch heute –, was die Pandemie mit uns macht, wie sie sich entwickeln wird, was morgen überhaupt sein wird.

Trotz mehrmaliger Anträge bekam sie vom Staat keinerlei finanzielle Unterstützung. Das Einzige, das in dieser Zeit blieb, war ein unbeständiger Hochschul-Onlineunterricht, der noch nicht einmal einen Bruchteil der Kosten deckte.

Wie der Rest der Welt lebte diese Frau nach fast zwei Jahren mit der Pandemie; sie war ein Teil des Lebens geworden.

Kurze Zeit darauf, am frühen Morgen des 24.2.2022, gab Wladimir Putin den Befehl, mehrere Städte in der Ukraine anzugreifen. Es herrscht Krieg – mitten in Europa. Wirtschaftskrise, Inflation und ein Flüchtlingsstrom sind die Folgen für Deutschland. Nein, ich korrigiere, die ganze Welt. Es herrscht Unsicherheit, Verzweiflung, Angst und Ohnmacht.

Trotz der ganzen Geschehnisse macht sie einen lebendigen, glücklichen und ausgeglichenen Eindruck.

Wie kann das sein?

Wie kann es sein, dass sie in dieser schnelllebigen Welt mit starken Belastungen und eingeschränkten Perspektiven sich und andere motiviert, geordnet und beherrscht ist? Warum schreibt ihr Leben bei unbeeinflussbaren äußeren Umständen immer wieder die Geschichte des Erfolgs?

Wenn man diese Frau näher analysiert, kann man Folgendes beobachten:

Erstens analysiert sie in den unterschiedlichsten Krisensituationen, wer sie in diesem Augenblick ist und wer Sie eigentlich sein möchte. Dadurch hat sich zweitens das Streben nach stetigem Wachstum entwickelt.

Wachstum bedeutet für sie Bewusstsein, Transparenz, Erkenntnis, Perspektive, Kreativität, Selbstkontrolle, Selbstdisziplin und vor allem Willensstärke.

Zu guter Letzt hatte sie ihr Leben lang immer wieder das Glück, gute Berater bzw. Coaches um sich zu haben. Sie waren nicht diejenigen, die die Wege bei Glatteis geebnet oder diese von Eis und Schnee befreit haben. Sie waren diejenigen, die Mütze, Schal und Handschuhe reichten. Sie erklärten, dass dieses Equipment wichtig sei, da der Weg zur freien Fahrt zum Ziel unter Umständen lange und vielfältig werden wird. Danach haben sie ihr Eiskratzer und Schneeschaufel in die Hand gedrückt und (teils) erklärt, wie sie diese anzuwenden hat.

Als ich mit dieser Frau sprach, waren ihr zwei Dinge sehr wichtig:

1.) Sie möchte nicht den Eindruck erwecken, dass sie und ihr Leben von beispiellosem Erfolg gekrönt sind. Glauben Sie mir, sie hat auch aktuell immer wieder Momente, Stunden oder gar Tage, an denen sie mit sich und der Welt hadert.

2.) Sie verwies eindringlich auf die Vorsicht vor der „falschen perfekten Wahrheit". Damit meinte Sie, dass Medien uns immer wieder „eintrichtern", dass ein erfolgreiches Leben von der Perfektion abhängig ist. Auch wir selbst tun das so lange, bis wir von unserer eigenen falschen perfekten Wahrheit überzeugt sind. Nach dem Motto: Immer höher, immer schneller, immer besser, Hauptsache erfolgreich! Figur, Familie, Einkommen, Ansehen, Prestige, Haus usw. – alles muss perfekt sein.

Der Erfolg gleicht fast einer bedingungslosen Hingabe, die die Menschen um jeden Preis erreichen wollen. Sie sind bereit, Bewerbungen „aufzupimpen", um den perfekten Job zu bekommen, bearbeiten Fotos, damit sie meinen, perfekt auszusehen. Erst dann glauben sie, erfolgreich zu sein. Sie werden zu dem, was sie eigentlich nicht sind. Sie begeben sich in eine falsche perfekte Wahrheit – gedrängt durch den Spiegel der Gesellschaft und sich selbst.

Sie verwies darauf, dass man spätestens in einer Krise morgens aufwacht und feststellt, dass die Krise den Erfolg verhindert oder zerstört. Perfektion ist dann nicht mehr das Wichtigste im Leben. Das Wichtigste ist, dass Sie das Ziel nicht aus den Augen lassen und erfüllt leben.

Unwillkürlich muss man einen Vergleich mit den Worten Oscar Wildes ziehen, der postulierte: „Der Mensch ist am wenigsten er selbst, wenn er für sich selbst spricht. Gib ihm eine Maske und er würde für sich selbst sprechen."

Sie wies in diesem Zusammenhang extra darauf hin, dass Sie bei Ihrem Umgang mit Krisen unbedingt ehrlich zu sich sein müssen und so lange ausprobieren sollen, bis das Ergebnis Sie erfüllt. Vielleicht ist es dann automatisch für Sie perfekt!?

*... **denn Krisen kommen gratis und manchmal nicht umsonst** ...*

Die Frau erwähnte beispielsweise, dass es auf Ihrem Weg zum Erfolg nicht selten vorgekommen war, dass sie den Weg freigeschaufelt hatte und es plötzlich wieder zu schneien anfing. Auch waren Steine festgefroren. Manchmal rutschte sie auf dem Glatteis aus oder der Schnee war so hoch, dass sie den eigentlichen Weg nicht mehr sah.

Der wesentliche Punkt ist, dass diese Frau nie aufgab. Sie hat sich die Schaufel und den Eiskratzer immer wieder angesehen und ausprobiert, welcher Umgang der passendste an welcher Stelle ist.

Heute weiß sie, welche Techniken sie anwenden muss, um das Leben in und trotz Krisensituationen zum Besseren zu verändern. Und vor allem ist sie erfüllt.

Ganz ähnlich können auch Sie Ihr Leben zum Besseren verändern, denn der *„Erfolg ist die Summe von passenden Bausteinen. Die Möglichkeiten multiplizieren sich, wenn man sie ergreift".*

Sie kennen diese Frau nicht, aber Sie werden sie kennenlernen – und Sie ahnen es schon:

Diese Frau bin ich!

Mein Name ist Nadine Nowakowski, promovierte Wirtschaftspsychologin[5] mit Sitz in Senden (Bayern), nahe Ulm. Ich führe wirtschaftspsychologische Beratung, Betreuung, verschiedene Vorträge, Trainings, Coachings und Schulungen für diverse Unternehmen der unterschiedlichsten Branchen, Städte und Kommunen durch[6].

Zusätzlich unterrichte ich deutschlandweit an verschiedenen Hochschulen/Universitäten.

In diesem (wirtschafts-)psychologischen[7] Teil des Buches habe ich es mir zur Aufgabe gemacht, Ihnen Inhalte, Strategien, Techniken und Tipps mit auf den Weg zu geben, hin zu einem besseren Leben in Krisensituationen.

---

[5] Wirtschaftspsychologie bezieht sich auf das Erleben und Verhalten der Menschen in der Wirtschaft als Anbieter und Nachfrager. Sie gliedert sich in die Markt- und Werbepsychologie und in die Arbeits- und Organisationspsychologie.
Erstere beschäftigt sich beispielsweise mit Themen, die von der Produkt- und Preisgestaltung über die Werbewirkung bis hin zum Konsumentenverhalten reichen. Letztere betrifft unter anderem die Bereiche Arbeitsgestaltung/-optimierung, Leistungsmessung, Personalentwicklung sowie Führungsstrukturen und Konflikte in Organisationen. Ich untersuche beispielsweise Erlebens- und Verhaltensmuster von Menschen, Unternehmen, Führungskräften oder anderen Gruppen. Aber auch Lösungskonzeptionen zur Verhaltensoptimierung zu entwickeln, gehört zu meinen Leistungen.
[6] Siehe auch www.wirtschaftspsychologin.eu / www.nowakowski-akademie.de
[7] Vertiefende Literatur rund um das Thema Wirtschaftspsychologie liefern beispielsweise Lutz von Rosenstil, Peter Neumann, Kroeber-Riel, Gröppel-Klein etc.. Ihre Literatur begleitete mich bereits im Studium und hat dadurch einen großen Beitrag geleistet, dass ich dieses Buch mit meinem Wissen komplementieren konnte.

Alle dargestellten Inhalte, Techniken und Tipps vereinen die Ziele: inspirieren, Impulse geben, erklären, ausprobieren, etwas bewegen, neue Wege gehen, Zufriedenheit gewinnen, Lebensqualität verbessern und Selberfüllung erhalten.

Es geht darum, Sie zu begleiten, zu fordern und zu fördern, damit Sie ein Verständnis und Feingefühl für sich selbst und Ihre Krise(n) entwickeln.

GUT DING WILL WEILE HABEN

Ich glaube felsenfest daran, dass jeder Mensch Krisen bewältigen kann.

Aus heutiger Sicht kann ich sagen, dass Krisen weder etwas
Geheimnisvolles noch etwas Außergewöhnliches sind. Es ist
keine Weisheit, es ist ein Fakt, dass sie uns alle im Leben
treffen.

Es gibt fünf Krisen, denen jeder mindestens einmal im Leben begegnet:

Jeder wird mindestens einmal feststellen, dass er privat o-
der geschäftlich gescheitert ist. Jeder wird erfahren, dass
der Körper hin und wieder nicht das macht, was er eigentlich soll. Auch begegnen wir Menschen, von denen wir ent-
täuscht werden, die vielleicht unsere Liebe nicht (mehr) er-
widern. Die Midlifecrisis, welche im Zusammenhang mit der
Torschlusspanik steht, ist wohl eine der am meisten kom-
munizierten Krisen unter diesen fünf.

Als würde das alles noch nicht reichen, wird jeder im Leben
einen geliebten Menschen verlieren.

Selbstverständlich gibt es mehr als diese fünf genannten.
Sie können von verschiedenen Faktoren ausgelöst werden,
je nachdem in welcher Situation wir uns befinden.

Es ist nie zu spät, ein effizientes Krisenmanagement zu lernen.

Was benötigen Sie für diesen Prozess?

Ich habe Ihnen einmal die Komponenten zusammengestellt, welchen Sie in diesem Buch begegnen werden:

- Eigene Krise erkennen
- Eigene Gefühlszustände verstehen
- Menschliche Mechanismen einordnen und den emo-
  tionalen und kognitiven Nebel verstehen
- Gängige Reaktionsmuster verstehen, Gefahren er-
  kennen
- Warum Veränderungen dringlich und notwendig
  sind
- Eigene Ziele erkennen, einen Blick auf das Wesent-
  liche entwickeln
- Energie gewinnen durch Motivation
- Techniken üben

Jetzt verrate ich Ihnen ein Geheimnis:

Einige dieser Komponenten setzen Sie bereits ein. Ihnen
sind der Grad, die Anwendung und das Ausmaß nur aktuell
nicht wirklich bewusst, da Sie dies unbewusst tun.

Das ist ein wesentlicher Vorteil, denn wir müssen nicht bei
Adam und Eva anfangen. Wir – in erster Linie Sie – werden
Ihre (Weiter-)Entwicklung fördern, die vergleichbar mit
diesem einfachen Modell ist:

Entwicklungsstufe 0: Sie können weder lesen noch schreiben. Sie wissen auch nicht, dass es so etwas wie Lesen und Schreiben gibt.

Entwicklungsstufe 1: Sie wissen, dass es so etwas wie Lesen und Schreiben gibt. Sie wissen aber auch, dass Sie es nicht können.

Entwicklungsstufe 2: Sie können lesen und schreiben, aber nur, wenn Sie sich darauf konzentrieren.

Entwicklungsstufe 3: Sie erkennen das Ziel des Lesens und Schreibens. Sie üben, probieren aus, um besser zu werden.

Entwicklungsstufe 4: Sie lesen und schreiben automatisch, ohne sich darauf zu konzentrieren.

Diesen Prozess haben wir alle einmal durchlaufen, erinnern Sie sich?
Wie Sie selbst festgestellt haben – die Entwicklungsstufen verdeutlichen es auch noch einmal –, ist das heutige automatische Lesen und Schreiben nicht vom Himmel gefallen, Zufall oder kam gar angeflogen.
Sie haben Erfahrungen sammeln müssen, einen Willen entwickelt und vor allem Lernprozesse durchlebt.

Dieses simple „Lern-Beispiel" ist vergleichbar mit dem Umgang mit Krisen.

Wenn Sie genau die Stufen betrachten, haben Sie bereits die Entwicklungsstufe 2 erreicht, ggf. auch Entwicklungsstufe 3 – falls Sie sich Ziele gesetzt haben. Das heißt, sie können eigentlich schon mit Krisen in einer gewissen Art und Weise umgehen und Sie haben die Hälfte bereits hinter sich.

Es fehlt nur ein gewisser Feinschliff, ein paar Tipps und Tricks, die ich Ihnen auf den nächsten Seiten mit auf den Weg geben werde.

Und stressen Sie sich nicht.

Veränderung beginnt schon mit kleinen Schritten, denn …

Gut Ding will Weile haben …

(K)EINE SICHT AUF KRISEN...

Jeder von uns hat eine gewisse Vorstellung davon, wie das Leben verlaufen soll.

Trotzdem sind wir weit entfernt davon zu sprechen, dass alles „glatt" läuft. Denn wir leben in einer Welt, in der jederzeit etwas Unerwartetes, Unvorhersehbares passieren kann. Ein Ereignis wirft unsere ganze Lebensplanung über Bord und zwingt uns, ohne jegliche Erfahrung Neuland zu betreten. Corona zum Beispiel stellte unsere Standhaftigkeit, unsere Visionen, unsere Werte, unsere Träume, unser ganzes Leben in Frage und über Nacht auf den Kopf. Der Krieg in der Ukraine lässt ganze Nationen bei der Suche nach einer Friedenslösung verzweifeln. Die durch den Krieg ausgelöste finanziellen Situation, wie erhöhte Öl-, Gas- und Benzinpreise, treffen in gewissem Ausmaß alle Bürger. Auch ist es eine Tatsache, dass der ein oder die andere mit der Entwöhnung vom Homeoffice nicht zurechtkommt.

All dies sind Geschehnisse, die eines gemeinsam haben: Sie wirken sich immer auf Sie, die Glaubenssätze und Ihre ganze Sichtweise auf das Leben im Hier und Jetzt aus.

Wir reagieren alle unterschiedlich, aber immer emotional auf Krisen.

Wenn ich mit meinen Klienten in Krisensituationen in Kontakt trete und die Wahrnehmung, das Erleben und Verhalten von Menschen analysiere, ist unterm Strich Folgendes zu beobachten:

Negative Gefühle wie Kontrollverlust, Unsicherheit, Angst, Ohnmacht etc. wachsen stetig, bis sie überhandnehmen und zum kognitiven und emotionalen („Dauer-")Stress werden. Das Gefühl der Unbeschwertheit geht verloren, die Zündschnur der Menschen ist sehr kurz. Alters- und branchenunabhängig gehören Themen wie Zuverlässigkeit und Beständigkeit der Vergangenheit an. Stattdessen kommt mit Krisen das sogenannte Ghosting, bei dem ein vollständiger Kontakt- und Kommunikationsabbruch ohne jegliche Vorwarnung stattfindet, nicht nur in privaten, sondern auch in Geschäftsbeziehungen in Mode.

Wie wirkt sich eine Krise bei Ihnen aus? Wie viel lassen Sie zu? Was bedeutet Krise für Sie eigentlich?

Sie sollten sich darüber klarwerden, was für Sie eine Krise ist und was nicht.

Wir unterscheiden in diesem Teil des Buches zwei Arten von Krisen, die unser Leben beeinflussen: erstens die indirekte und zweitens die direkte Krise.

Ersteres sind Krisen, deren äußere unbeeinflussbare Umstände uns indirekt betreffen. Dazu gehört beispielsweise

Corona, Krieg, der Klimawandel, die Abschaffung des Homeoffice, aber auch die Unaufhaltsamkeit des Alterns. Letztere, die direkten Krisen, sind solche, die uns individuell und subjektiv direkt (be-)treffen. Manchmal können sie durch indirekte Krisen ausgelöst werden. Häufig sind die Grenzen zwischen indirekter und direkter Krise fließend.

Die Bandbreite ist groß: Sie reicht von der Identitätskrise, dem Tod eines geliebten Menschen, Streit mit dem Partner über Ablehnung oder Verlust einer Arbeitsstelle, Krankheit, Cave-Syndrom[8], Über-/Unterforderung im Unternehmen/bei der Kindererziehung/beim Homeschooling bis hin zu finanziellen Aspekten oder Entwöhnungsstrategien vom Homeoffice …. um nur einige Beispiele zu nennen.

Jede Krise hat deshalb verschiedene Formen, Facetten, einen eigenen Charakter.

Sie können Ihr eigenes Krisenmanagement erst dann durchführen, wenn Sie eine Ausgangsbasis geschaffen haben und sich über Ihre Krise(n) Gedanken gemacht haben.

Deshalb stelle ich Ihnen nun die Frage:

Was ist für Sie eine Krise?

Bedenken Sie dabei Folgendes:

---

[8] Betroffene meiden soziale Kontakte/neue Situationen und bleiben lieber zu Hause – ein aktuell verstärkt zu beobachtendes Syndrom.

Ob direkt oder indirekt:

Eine Krise ist immer das, was Sie persönlich als Krise emp-finden und bezeichnen. Sie ist eine Art (un-)sichtbare Be-drohung, ein Feind, der Sie in Ihrem Denken, Handeln und Fühlen beeinflusst.

Die Krise fußt zu einem Großteil auf der Wahrnehmung. Exakt die gleiche Situation kann von verschiedenen Men-schen als total unterschiedlich wahrgenommen werden. Was für den einen eine Krise darstellt, muss für den ande-ren keine sein!

Ihr Start-Plan

Nehmen Sie sich bitte einen Stift und führen Sie eine Int-rospektion, also eine Innenschau, durch und geben Ihrer Krise/Ihren Krisen einen Namen. Beachten Sie dabei die Präferenz: Beginnen Sie mit der Krise, die Sie am meisten belastet, und enden Sie mit derjenigen, die sie am wenigs-ten belastet.

Nummer	Name der Krise

Meine Notizen:

_____

_____

_____

_____

_____

_____

Die meisten von uns können Krisen nichts Positives abge-
winnen. Einige passen sich an und finden Strategien wie
beispielsweise die gängigen Reaktionsmuster (sog. Abwehrstrategien) Aussitzen, Hinnehmen oder Verdrängung.
Wieder andere sehen Krisen als eine Art Schicksal an, als
eine Chance, sich zu verändern.

Wie gehen Sie mit Krisen um? Damit meine ich nicht, dass Ihr aktuelles oder vergangenes Handeln falsch oder schlecht ist. Ich möchte Ihnen auch nicht vorgeben, wie Sie wann mit welchen Geschehnissen umgehen sollen. Diese Art des Coachings hält nicht lange an, weil ich Sie und Ihre Persönlichkeit, Ihre persönlich verwendeten Strategien nicht kenne.

Sie sollten sich darüber klarwerden, dass Schwankungen zum Leben gehören. Ebenfalls sollten Sie sich darüber klarwerden, dass eine Krise immer auf die nächste folgen kann. Tatsache ist: *Entweder die Krise bestimmt Ihr Denken, Handeln und Fühlen oder Sie tun das.*

Für mich bedeuten Krisen eben nicht, die angestrebten Träume und Vorstellungen über Bord zu werfen. Eine Krise ist ein nützlicher Anlass, um sich selbst neu kennenzulernen und verborgene Potentiale zu entdecken.

Wenn Sie ein Bewusstsein für sich, Ihre Gefühle und Ihr Handeln entwickeln, können Sie leichter einen Weg finden, Ihre angestrebten Ziele zu erreichen.

Einen spannenden Einblick in die simple und doch zugleich bedeutend „gefährliche" Welt der menschlichen Reaktionen in Krisensituationen erhalten Sie im nächsten Kapitel.

KRISEN VERÄNDERN MENSCHEN!

Das Spannende für eine Wirtschaftspsychologin ist, dass *Krisen Menschen verändern – und zwar immer!*
Manchmal zum Positiven, indem man sich auf das Wesentliche im Leben besinnt, Demut, Solidarität oder Nächstenliebe zeigt. Diese Aspekte waren beispielsweise in meinen Beratungen speziell in der Mitte der Corona-Pandemie auffällig.

Nachdem Krisen immer einen bipolaren Charakter haben, verändern sie Menschen auch zum Negativen. Damit meine ich nicht den Menschen als Individuum. Ich meine damit den explosiven Mix aus Wahrnehmung, Denken, Erfahrungen, Erwartungen, Emotionen, Motivation und vieles mehr, die allesamt entscheidende Einflussgrößen auf den Krisenumgang sind.

Insbesondere die Wahrnehmung ist ein ausschlaggebender Bestandteil dabei. Denn Wahrnehmung bedeutet vor allem das Erleben des aktuellen Momentes, der unsere eigene bewusst erlebte Wirklichkeit entstehen lässt. Je nachdem wie und in welchem Ausmaß wir die Situation wahrnehmen, verarbeiten und bewerten, werden unsere Gefühle und somit unsere Grundhaltung und der Lebensstil beeinflusst.

Folglich wird das Verhalten in eine entsprechende (positive oder negative) Richtung gesteuert.

Zu beobachten sind beispielsweise Angstgefühle, die sich in aggressivem, teils ignorantem Verhalten niederschlagen. Häufig nehmen wir unser eigenes Verhalten wenig bewusst oder sogar gar nicht wahr. Ich spreche genau von der Situation, wenn wir Menschen blind für etwas sind, das alle anderen deutlich sehen.

Erinnern Sie sich?

Psychologisch ausgedrückt nennt man das den „blinden Fleck", also ein Bild, das wir von uns haben, das aber nicht mit dem übereinstimmt, wie es auf andere tatsächlich wirkt. Erst wenn uns jemand auf unser (negatives/positives) Verhalten anspricht, denken wir (manchmal) darüber nach.

Ich möchte den blinden Fleck nicht künstlich dramatisieren. Wir Menschen sehen einfach gelegentlich nicht das, was für andere offensichtlich ist. Manchmal sind wir auch nicht die Besten darin, überhaupt unsere eigenen Gefühle einzuordnen oder zu beschreiben.

An dieser Stelle möchte ich mit Ihnen ein kleines Experiment durchführen:

1.) *Bitte betrachten Sie die Szene und ergänzen Sie die Antwort in der Gedankenblase so, wie es Ihnen sinnvoll erscheint.*

Die Krise Nummer 1 auf Seite 35, die du aufgeschrieben hast, habe ich auch aufgeschrieben.
Erinnerst du dich?
Wenn ich daran denke, fühle ich mich ängstlich, traurig und immer mal wieder aggressiv.

Wie fühlst du dich denn?
(Hinweis: Ihre beste Freundin/Ihr bester Freund spricht mit Ihnen)

Ihre Antwort in der Gedankenblase:

_____

_____

_____

_____

_____

_____

Zusätzliche Notizen:

_____

_____

_____

_____

_____

_____

2.) *Nun ergänzen Sie bitte die Lücken des folgenden Textes so, wie es Ihrer Meinung nach am ehesten entspricht.*

Ihre beste Freundin/Ihr bester Freund, der von Ihrer Krise Nummer 1 hört, wird wohl dabei an die Gefühle

_____

_____ denken.

Zusätzliche Notizen:

_____

_____

_____

_____

_____

_____

Ihre beste Freundin/Ihr bester Freund, der von Ihrer Krise Nummer 1 hört, wird sich für Sie die folgenden Gefühle wünschen:

_____

_____.

Zusätzliche Notizen:

_____

_____

_____

_____

_____

_____

Sie haben soeben ein sogenanntes projektives Verfahren durchgeführt, genauer gesagt zuerst einen Ballontest und dann einen Lückentext/eine Satzergänzung.

Projektive Verfahren werden eingesetzt, um persönliche Einstellungen, verborgene Wünsche und vielfältige Motivlagen zu identifizieren. Man versetzt sich in andere Personen und spricht indirekt mit diesen.

Der Einsatz dieses Verfahrens ist insbesondere dann sinnvoll, wenn Antworten entnommen werden können, die die Personen – ohne das Verfahren und bei einer direkten Fragestellung – in dieser Form nicht äußern würden. Damit ist gemeint, dass unbewusste, tatsächliche und wirkliche Motive durch das eingesetzte Verfahren transparent gemacht und aufgedeckt werden.

Sie haben also gerade nichts Anderes gemacht, als Ihr Unterbewusstsein „gekitzelt" und die Antworten zur Gefühlslage in Krisen – über das Hineinversetzen in die andere Person – ins Bewusstsein projiziert. Dabei waren die Szene selbst und die Aufgabenstellung bewusst mit Ihrer besten Freundin/ihrem bestem Freund aufbereitet, sodass eine Identifikation erfolgen konnte.

Warum habe ich Sie nicht direkt nach Ihren Gefühlen gefragt?

Wie ich bereits erwähnte, sind wir häufig nicht die besten darin, überhaupt unsere eigenen Gefühle einzuordnen oder zu beschreiben.

Ich behaupte, dass Sie mir die Antworten ohne das Verfahren und bei direkter Fragestellung in dieser Form nicht gegeben hätten.

Das liegt zum einen daran, dass wir über diese Verfahren realistischere Antworten und tiefere Einblicke durch die Unterbewusstseinsstimulierung erhalten. Zum anderen sollten diese Verfahren immer bei sensiblen Themen eingesetzt werden, bei denen es schwierig ist, die richtigen Worte zu finden.

Hinzu kommt die Gefahr der sozialen Erwünschtheit. In diesem Fall wird derart geantwortet, dass es den Normen und Erwartungen einer gewissen Gruppe (häufig der Gesellschaft) entspricht. Diese Antworten sind sozial erwünscht und entsprechen meist nicht der Wahrheit. Das wäre „möglicherweise" der Fall gewesen, wenn ich Sie persönlich, von Angesicht zu Angesicht gefragt hätte und Sie nicht oder nur wenig kennen würde.

Nun wissen Sie auch, wie Sie mit sensiblen Fragen bei anderen umgehen können.

Und jetzt blicken Sie noch einmal auf Ihre Antworten in der Szene und auf die erste Lückentext-/Satzergänzung – *nur auf die erste Antwort im Lückentext/in der Satzergänzung, auf die zweite werde ich später noch einmal zurückkommen.*

Sind Ihre Gefühle so, wie Sie sie projektiv aufgeschrieben haben?

Ich habe bewusst ein zusätzliches Notizfeld unter allen drei Einheiten angeführt. In diesem können Sie bei Bedarf Ihre Gefühle zu den notierten Krisen von Seite 35 identifizieren. Hören Sie genau in sich hinein, denn es kann sein, dass der Effekt der projektiven Fragestellung nur durch Ihr erworbenes Hintergrundwissen verpufft ist. Deshalb ein Tipp: Stellen Sie sich vor, man würde Ihre Situation verfilmen und Sie wären der Regisseur. Wie würden Sie die Geschichte schreiben?

Eine Frage und Anmerkung habe ich noch:
Haben Sie auch positive oder nur negative Antworten aufgeschrieben?
Sollten Sie positive Gefühle aufgeschrieben haben, kann ich Sie nur beglückwünschen.
Sie haben bereits den passenden Schlüssel in das passende Schloss gesteckt und die Tür zur psychischen Zufriedenheit aufgeschlossen.
Das ist nicht nur gut, das ist hervorragend!
Es scheint, als hätten Sie bereits eine Strategie gefunden, den Blickwinkel mehr auf den Umgang und die Bedeutung

als auf das Krisenszenario als Sache zu legen. Das ist ein toller Schritt, um in Krisen Ihre Lebensqualität zu verbessern ... aber wie sagt man so schön: „Luft nach oben" gibt es immer. Vielleicht können Sie mit den entsprechenden Inhalten, Tipps und Strategien im psychologischen Teil dieses Buches Teile modifizieren, unentdeckte Ressourcen aufdecken und sich weiterentwickeln.

Sollten Sie hingegen negative Gefühle notiert haben, vielleicht gar keinen positiven Aspekt aufgeschrieben haben, müssen Sie sich keine Sorgen machen.
Diesbezüglich habe ich eine gute und eine schlechte Nachricht für Sie.
Fangen wir mit der schlechten an:
Momentan arbeitet die Situation GEGEN Sie. Sie schwimmen mit dem Strom und versuchen, sich durch die Krise(n) durchzuboxen – leider auf Kosten Ihrer Emotionen.
Die gute Nachricht ist, dass Sie bereits nach dem nächsten Kapitel in der Lage sind, Ihr aktuelles Verhalten leichter zu verstehen und die unterschiedlichsten Situationen besser einzuordnen. Dadurch ist der Grundstein für den Start **Reboarding ins Leben** und den Weg zum Wiedereinstieg in ein positives Leben gelegt.

DER HANSDAMPF IN ALLEN GASSEN

Häufig vertrauen wir voll und ganz dem Zufall, lehnen uns zurück und bauen auf das Konstrukt, auf das wir uns schon so oft verlassen konnten. Einige nennen es Glück, andere Fügung oder Schicksal, und wir sind fest davon überzeugt, dass es zu uns kommen und unsere Lebenspläne vollkommen machen wird.

Es mag sich kitschig, fast schon spirituell anhören, dennoch glaubt und handelt eine Vielzahl der Menschen nach diesem Konstrukt. Diese Denkhaltung ist kein Klischee und auch nicht falsch ... ***denn alles, was Sie für wahr erachten, ist auch wahr!***

Und dann treffen Sie auf die Krise – diese „schräge Gestalt", diesen „Hansdampf", der nicht nur in allen Gassen, sondern in Ihrem gesamten Haus, in jedem einzelnen Zimmer, in jeder Ader Ihres Körpers wütet.

Sie ist es, die die passenden Knöpfe drückt, Stimmungen auslöst und unsere Glaubenssätze in Geiselhaft nimmt. Von heute auf morgen scheint es, als hätte sich das Schicksal gegen uns entschieden, das Glück sich abgewandt.

Die Situation bringt uns dazu, Denk- und Handlungsprozesse einzuleiten, von denen wir früher nicht zu träumen gewagt hatten. Was gestern noch wichtig war, scheint in Vergessenheit geraten zu sein. Dennoch gibt es die eine Ration Hoffnung, an die wir uns wie an einen Strohhalm klammern und dabei immer wieder Gefahr laufen, uns selbst zu täuschen. Wir versuchen, künstlich das Gefühl von Glück und Zufriedenheit zu erzeugen. Das ist ein wesentlicher Vorteil, denn dadurch geben wir nicht so schnell auf. Die Hoffnung schützt und hemmt uns zugleich. Die Folge: Wir reagieren, aber agieren nicht.

Dieses Verhalten liegt unter anderem daran, dass die Meisten von uns nicht in der Lage sind, zu verarbeiten, was durch die Krise in unserem Leben passiert ist.

Der Tatsache entsprechend, dass diese Situation Lebensziele zerstört, versuchen wir, die Geschehnisse ständig auszublenden, und werden trotzdem immer wieder von Fragen gequält.

„Warum passiert das ausgerechnet mir?"

„Was wäre, wenn ich weniger geraucht, mehr Sport getrieben und mich besser ernährt hätte?"

„Was wäre gewesen, wenn ich nicht zu meiner Freundin gefahren wäre? Hätte ich mich dann nicht mit Corona infiziert und hätte jetzt kein Long-Covid?"

„Hätte ich doch besser meine Finanzen verwaltet …"

Sie können sich nicht vorstellen, wie oft ich die Gedanken „Was wäre wenn und ich hätte dieses oder jenes …" in der Vergangenheit hatte.

Heute bin ich an einem Punkt angekommen, an dem ich sagen kann: ***Krisen kommen gratis und manchmal nicht umsonst! Leben passiert – wenn man andere***

***Pläne hat. Alles im Leben hat einen Sinn. Was wäre
wenn und hätte gibt es nicht!***

Meistens geht das sogenannte „Kopf-Kino" noch weiter:
Mit Tagträumen versuchen wir, die Realität zu verdrängen.
Quälende Gedanken über unser Schicksal beschäftigen
uns, wenn wir im Bett liegen. Nachts träumen wir von der
heilen Zukunft, so lange, bis wir wieder aufwachen. Die
Krise, der größte Feind. Dabei schwanken die Gefühle von
„nichts fühlen" über tiefe Angst und Hilflosigkeit bis hin zu
Aggressivität.

Es ist uns fast unmöglich, die kurzfristig auftretenden Gefühle inhaltlich und kognitiv zu kontrollieren, teilweise zu
differenzieren.

Wir wollen diesem Zustand entfliehen, tatsächlich stehen
aber eigene Schuldgefühle nicht selten auf der Tagesordnung. Dieses Phänomen nennt man in der Psychologie „internale Attribution". Man glaubt, selbst an dem Zustand
schuld zu sein.

In Krisen-/Stresssituationen ist dies häufig bei Mitarbeitern
in Unternehmen zu beobachten. Mit „Ich verdiene den kri-
senhaften Zustand, weil ..." beginnen beispielsweise Sätze
um ein eigenes eigentlich nicht akzeptables Verhalten wie
cholerische Ausfälle oder auch die respektlose Behandlung
von Kollegen oder Vorgesetzten zu rechtfertigen.

Durch die internale Attribution wird die Einstellung verändert, sodass man sich selbst für den Auslöser hält.

Interessanterweise gibt es bereits Belege dafür, dass Frauen tendenziell stärker attribuieren als Männer. Deshalb werden sie auch eher als emotional beschrieben. Männer hingegen handeln bevorzugt verständnis- und zukunftsorientiert. Doch egal ob Mann oder Frau – beide fühlen sich in Krisen nicht wohl in ihrer Haut.

Die Situation entgleitet uns und wir haben das Gefühl, dass wir nichts dagegen tun können. Wir versuchen zu verstehen, was vorgefallen ist, es ergibt aber einfach keinen Sinn.

Wenn auch Sie nur annähernd diese Zustände kennen, sind Sie den Waffen der Krise erlegen.
Das ist nicht verwunderlich, denn Krisensituationen bedienen sich schlichtweg menschlicher Mechanismen. Die Situation schickt Ihnen giftige, feindliche Signale, Sie empfangen und verarbeiten diese und reagieren automatisch/affektiv darauf. Die einen stärker, die anderen schwächer.

Der eigentliche Fehler besteht nicht darin, psychisch auf die Situation zu reagieren. Der eigentliche Fehler besteht darin, dass Sie bislang noch nicht wissen, mit welchen

Tricks/Waffen sich Krisen der menschlichen Mechanismen bedienen.

Leider ergibt sich daraus ein weiterer Fehler: dass Sie das eigentliche Problem nicht aktiv und überlegt bekämpft haben, korrigiere: aktuell ohne Hintergrundwissen nicht bekämpfen können.

Machen Sie sich eins klar:

Im Kampf um ein besseres Leben ist der schlimmste Feind nicht die Krise selbst. Es sind die Eigenschaften, die eine Krise mit sich bringt, und die menschlichen Mechanismen, derer sie sich bedient, um uns psychologisch zu beeinflussen.

Sie können Ihrer Kontrolle über das Leben in Krisensituationen einen Schritt näherkommen, wenn Sie die nachstehenden Mechanismen/Eigenschaften (Waffen) der Krise kennenlernen.

Versuchen Sie, ein Bewusstsein für Ihr Verhalten zu entwickeln, und reflektieren und projizieren Sie jede angeführte Waffe auf Ihre Situation. Vielleicht können Sie Aha-Effekte mitnehmen, an dieser Stelle eine neue Krisenstrategie entwickeln oder eine vorhandene modifizieren. Tipps und Hinweise zur Handhabung sind jeweils angeführt.

FRECH? NEIN, EMOTIONAL ÜBERLEGEN

Waffe Nummer 1: Emotionen

Jede Situation löst im Menschen Emotionen und Gefühle aus. Dabei werden Emotionen als Gefühle wahrgenommen. Sie besitzen eine Bipolarität, werden also positiv oder negativ erlebt. Dabei ist die Erlebnisqualität das Ergebnis des subjektiv empfundenen Gefühls.

Was der Empfänger tatsächlich innerlich aus dem emotionalen Reiz macht, bestimmt die Wirkung der Information.

Das heißt auch, dass wir etwas fühlen, wenn wir uns an Erlebnisse zurückerinnern.

Wie reagieren Sie beispielsweise auf die Wörter Urlaub und Finanzkrise? Sehen Sie sie vor Ihrem geistigen Auge? Sind die Szenen einmal positiv? Einmal negativ? Nun, Ihr Gefühlszustand wird von den inneren Bildern und (Gefühls-) Gedanken beeinflusst, die Sie mit Urlaub und Finanzkrise verbinden. Das könnten beispielsweise das wohlige Gefühl und das glasklare Meer sein oder die finanziellen Ängste sowie die Öl- und Benzinpreise.

Nachdem Krisen subjektiv negativ behaftet sind, sind diese ideale Verpackungen für die Verankerung in unserem Kopf. An Negativverlebnisse erinnern wir uns stärker als an positive Erlebnisse.

Wenn ich Sie nun auffordern würde, sich an positive und negative Erlebnisse zu erinnern, wette ich, dass Sie mehr negative als positive finden würden. Wir erinnern uns nur an den einen Kunden, der uns unfreundlich behandelt hat, und nicht an die anderen Kunden, die freundlich zu uns waren. Beim Telefonat mit der Freundin wird nur von den Lebensmitteln gesprochen, die ausverkauft waren, welche immer teurer werden, und darüber, wie ignorant die Menschen sich beim Einkaufen verhalten. Was ist aber mit all den positiven Erlebnissen im Lebensmittelladen?

Diese waren vielleicht nicht wichtig für Sie. Denn Erinnerungen und das damit verbundene Gefühl haben eine Verbindung zur Stärke der Emotion. Das heißt: ***Je stärker die Emotionen, desto stärker die emotionale Reaktion und Erinnerung.***

Somit ist es kein Wunder, dass wir uns in Krisenszenarien an jedes Detail erinnern und diese inneren Bilder vor Augen haben. Beispielsweise können wir uns sofort an die Mitteilung über den 11. September, das Corona-Virus oder die Bilder vom Ukraine-Krieg erinnern. Auch wissen wir noch ganz genau, was wir an dem Tag gemacht haben, als die Kündigung ins Haus flatterte, die geliebte Oma starb oder die schlimme Diagnose vom Arzt übermittelt wurde.

Ganz anders sieht es bei Szenarien aus, mit denen keine Gefühle verbunden sind. Die Informationen bewahren wir nicht auf. Deshalb werden Sie jetzt auch vermutlich nicht auf Anhieb sagen können, was Sie am 23.05.2001 gemacht haben. Ihr Gedächtnis sucht zwar nach diesen Informationen, sieht aber alles extrem unscharf und verschwommen – wenn es überhaupt etwas sieht.

Sie merken, worauf ich hinauswill.

Krisen – welcher Art auch immer – beeinflussen raffiniert und clever unsere Gefühle, denn sie lösen emotionale Erlebnisse aus, die bei uns allen wirken und sofort im Gedächtnis bleiben.

Deshalb sind emotionale Erlebnisse in der Psychologie als *„Schnellschüsse ins Gehirn"* bekannt. Sie beeinflussen unseren Organismus, steuern unsere Wahrnehmung und regeln die Handlungsbereitschaft. Das gleiche Prinzip der „Schnellschüsse" gilt auch für Bilder. Durch ihren emotional beeindruckenden Charakter werden Bilder insbesondere bei indirekten Krisen durch Medien vermittelt.

Jetzt verstehen Sie auch, warum ich auf den vorhergehenden Seiten eine Krise als „Hansdampf in allen Gassen" bezeichnet habe. ***Sind die Emotionen stark, sind die Reaktionen und die Erinnerungen stark***. Sie begleiten uns nicht nur durch jede Gasse, die wir betreten, sie begleiten uns in jedes Zimmer, in jeden Winkel unseres Hauses und wüten in jeder Ader unseres Körpers.

Ein weiteres negatives Wirkungskriterium für Krisen ist, dass sie ohne Vorankündigung geschehen. Unserem Gehirn wird ein bislang unbekannter Reiz präsentiert. Wir haben sprichwörtlich einen Gast in unserem Kopf, und wir wissen nicht das Geringste über ihn.

Was wir aber wissen, ist, dass dieser Gast unerwünscht ist, eine unbekannte Bedrohung darstellt, die nicht direkt händelbar und beeinflussbar ist.

Nach dem Motto „Beobachte vergangene Geschehnisse, dann kannst du zukünftige Ereignisse prognostizieren und eingreifen" ist es die Aufgabe des Gehirns, zu erfassen, was passieren wird, und Handlungsentscheidungen zu treffen. Bei einem unbekannten Reiz aber können wir nicht auf Erfahrungen zurückgreifen oder gar gewohnte Bewältigungsstrategien einsetzen. Wir sind in erster Linie überfordert, hilflos und im Stressmodus.

Ist Ihnen beim Lesen der „Waffe Nummer 1: Emotionen" etwas aufgefallen?

All das Beschriebene ist bereits passiert – und zwar in der Vergangenheit. Erinnerungen, innerliche Bilder wurden abgerufen und die emotionalen „Schnellschüsse" haben sich schon im Gehirn verankert. Die Waffen der Krise(n) wurden bereits eingesetzt.

Selbstverständlich kann immer wieder etwas Unvorhersehbares geschehen und die nächste Krise steht sprichwörtlich vor der Tür. Auch dann wird diese sich wieder der emotionalen Waffen bedienen und Sie anfangs leiten.

Dann sind Sie ihr aber bereits einen Schritt voraus, denn Sie wissen jetzt, wie das ganze Szenario ablaufen wird: Sie werden erneut von Schnellschüssen getroffen und mit Negativität konfrontiert. Sie haben sogar eine Begründung, warum das geschieht.

Es geht darum, dass Sie nun Bescheid wissen, wie die Waffe Nummer 1 funktioniert, und Sie müssen sich bewusstmachen, dass diese eine Auswirkung auf Ihren Denk- und Handlungsprozess im Hier und Jetzt hat. Es geht darum, in diesen gegenwärtigen Zustand einzugreifen. Welche Möglichkeiten es hierfür gibt, erfahren Sie im Laufe des Buches.

Konzentrieren Sie sich auf die Veränderung der Gegenwart und die Gestaltung der Zukunft ... denn sie haben die älteren Rechte an sich – und nicht die Krise!

KRISE FRISST WAHRNEHMUNG

Waffe Nummer 2: Wahrnehmung

Kleinigkeiten wie das tägliche TV-Zappen oder das Scrollen durch einen Facebook-Feed werden zum Stress. Das Vertrauen in die Welt schwindet, wenn die Grenzen zwischen „echten" und „gefakten" Nachrichten nicht klar erkennbar, gar fließend sind. Die Gefahr ist groß, ständig auf Dinge zu stoßen, die uns aufzeigen, dass mit der Welt um uns herum etwas nicht stimmt.

Ein Leben in einem fortwährenden Zustand von Stress, Angst, Unsicherheit und Vertrauenslosigkeit zu führen, ist jedoch fruchtlos und frustrierend. Erliegen wir diesem Zustand, sind wir Marionetten, die von externen Einflüssen gesteuert werden.

Wachstum, positive Veränderung, gar Selbstverwirklichung sind unmöglich, denn unsere Emotionen unterliegen nicht mehr unserer willentlichen Kontrolle.

Wenn Sie jetzt kurz innehalten, einen Schritt zurücktreten und über die Natur des Stresses, der Angst und Unsicherheit nachdenken, *sind diese nichts anderes als das Ergebnis der beklemmenden Gefühle, die wir entwickeln, wenn wir erkennen, in welcher Art und Weise äußere Kräfte unser Leben beeinflussen. Diese Gefühle werden wiederum durch den Prozess der Wahrnehmung gesteuert.*

Für den Wahrnehmungsprozess kennzeichnend sind seine Informationsauswahl, die selektive Wahrnehmung, individuelle Interpretation und der Grad der Aktivität in der Erfassung von Sinneseindrücken.

Aufnahme einer Information:

Eine Information wird in einem aktiven Vorgang aufgenommen, bei dem Veränderungen im Gehirn stattfinden. Im sogenannten Arbeitsgedächtnis (auch als Bestandteil des Kurzzeitgedächtnisses bekannt) werden Informationen nur für kurze Zeit gespeichert.

Verarbeitung einer Information:

Setzt man sich näher mit einer Botschaft auseinander, wird diese in Arealen im Gehirn interaktiv verarbeitet. Wird eine Information länger im Gedächtnis gespeichert, gehen meist Techniken voraus, die die Verarbeitungstiefe im Gedächtnis aktivieren.

Im Fall von Krisen wird der nur für kurze Zeit im Arbeitsgedächtnis gespeicherte Fakt des Krieges, des Terrors, der Krankheit etc. mit den in Vorfeld genannten emotionalen Bildern und dem negativen Erlebnisgehalt kombiniert, wodurch die Information länger gespeichert wird.

Reaktion auf die Information:

Nach der Verarbeitung einer Botschaft findet immer eine (unbewusste) Handlungsentscheidung statt. Hier sind die Komponenten Emotionen, Motivation, Denken, Lernen und Einstellung die Faktoren, die die Entscheidung beeinflussen.

Steuerung der Wahrnehmung:

Wie Sie bereits wissen, lassen sich Bilder und Gedanken in unseren Köpfen derart verankern, dass sie sich auf unsere Gefühlslage niederschlagen. Wir glauben zwar, dass wir als Hausherrin/Hausherr die Entscheidungsgewalt über unsere Wahrnehmung haben.

In Wahrheit ist die Empfänglichkeit für Beeinflussungen von außen relativ hoch.

Wir sehen nicht das, was wir sehen wollen, wir sehen das, was wir sehen sollen.

Manchmal werden uns die Reize lenkend vorgesetzt.

Wie im Falle von Corona oder Krieg sind es häufig Medien und Situationen/Umstände, die gezielt den Schwerpunkt setzen. Sie setzen Reize und aktivieren uns über das Unterbewusstsein, damit wir gewisse Krisen-Aspekte wahrnehmen.

Dabei gibt es drei Wirkungsziele, die verfolgt werden:

Die eine Wirkung ist die *Informationswirkung*, bei der Informationen durch Wissen vermittelt werden. Die zweite ist die *Beeinflussungswirkung*. Hier geht es nicht darum, dass sich die Information an unser Bewusstsein richtet, wir darüber nachdenken und Stellung beziehen. Es geht vielmehr darum, dass wir uns in eine gewisse Richtung verhalten (sollen) und beispielsweise Meinungen verstärken oder diesen zustimmen. Diese Wirkung ist eng verwandt mit dem dritten Wirkungsziel, der *Überzeugungswirkung*, welche eine Veränderung von Einstellungen hervorrufen soll.

Werden beispielsweise über Massenmedien spezifische Krisenthemen präsentiert, werden Kognitionen ausgelöst, welche zur Meinungsweitergabe und Diskussion in der Öffentlichkeit führen können. Zeitungen als Massenkommunikationsmittel verstärken die Aktivierung der Leser durch aktuelle (Krisen-)Themen.

Haben Sie bei indirekten Krisen wie beispielsweise Corona oder der Wirtschaftskrise genau die Zeitungen angesehen? Ich behaupte, dass den meisten von Ihnen nicht aufgefallen sein wird, dass gewisse Slogans mit einem Fragezeichen enden. Durch diese Strategie wird das Gefühl einer freien Kognitionsbildung und Handlungsmacht vermittelt. Gleichzeitig wird die Meinungsbildung insofern eingeschränkt, als nur über ganz spezielle Themen informiert wird. Durch diese Kombination werden wir Menschen glauben gemacht, unsere Meinung eigenständig bilden und die öffentliche Meinung über unser individuelles Denken lenken zu können. Dies gelingt immer dann, wenn unsere Meinungen im Vorfeld unterstützt und bestätigt werden und sich über spezifische (Krisen-)Themen anpassen.

Entgegen der Annahme, dass wir unsere Meinung bilden, wird schlichtweg unsere Meinung gebildet.

In der Psychologie wird von einer *„zweiten Wirklichkeit"* gesprochen, bei der das Verhalten der Menschen gegenüber der vermittelten Umwelt auf Medien (Medienumwelt) zurückzuführen ist.

An dieser Stelle werde ich bewusst keine Tipps zum Thema Medien und Wahrnehmung anführen, da Sie diese von Stefan Warnke im Finanzteil erhalten werden.

HABE ICH VERSTANDEN, MACH ICH ABER NICHT – WIE GUT, DASS MICH KEINER DENKEN HÖREN KANN!

Waffe Nummer 3: Gehirn und Unterbewusstsein

Jeder hat es, jeder braucht es und jeder nutzt es. Bei dem einen liegt das durchschnittliche Gewicht bei 1,4 Kilogramm, das Volumen beträgt etwas über einen Liter. Bei dem anderen gibt es weder Gewicht noch Volumen, sind mir zumindest nicht bekannt. Die Rede ist vom Gehirn und dem Unterbewusstsein.

Ich bin kein Arzt und auch kein Neurowissenschaftler und kann Ihnen nicht erklären, warum unser Gehirn in der einen oder anderen Situation funktional entsprechend tut, was es tut. Was ich aber aus Erfahrung weiß, ist, wie Krisen sich des Gehirns bedienen, welche Prozesse in den meisten Fällen ablaufen und was wir daraus machen können. Auch weiß ich, welche Rolle das Unterbewusstsein in diesen Situationen spielt und wie wir dieses zum Teil steuern können. Wenn auch sehr verallgemeinert und vereinfacht dargestellt, möchte ich Ihnen dieses Wissen nicht vorenthalten, denn es hat sich als brauchbares Werkzeug eines Krisenmanagements erwiesen.

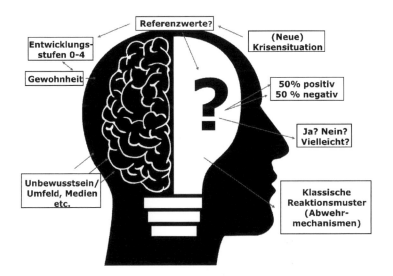

Unser Gehirn ist wie eine Maschine, die uns in unserem Handeln lenkt. Wir schalten beispielsweise die Herdplatte an, ohne darüber nachzudenken und wie selbstverständlich. Wir denken uns auch nichts dabei, wie wir den Kühlschrank öffnen oder die Wasserflasche aufschrauben.

Diese Automatismen sind auf gelernte Muster bzw. Gewohnheiten zurückzuführen. Genauer gesagt, sucht unser Gehirn nach gelernten alten Mustern, um einen einwirkenden Reiz einzuordnen und interpretieren zu können. Daraufhin handeln wir wie selbstverständlich.

Am Rande: Bis sich eine Routine, eine Gewohnheit einstellt, brauchen wir im Durchschnitt ca. 30 Tage. Nach ca. sechs Wiederholungen stellen sich bereits erste Merkeffekte ein.

Stellen Sie sich einmal vor, wir würden uns bei jedem Schritt, den wir tun, Gedanken darüber machen, wie wir ihn tun. Das sähe dann ungefähr so aus: „Wie ist das mit der Herdplatte – erst drücken, dann nach links oder rechts drehen …?" oder: „Die Kühlschranktür hat die Scharniere links, der Griff ist rechts, also mache ich die Tür von rechts nach links auf …?" oder: „Die Wasserflasche von links nach rechts aufschrauben oder umgekehrt …?"

Das würde unser komplettes Leben derart überfordern, dass wir vermutlich auf Dauer irgendwann verrückt werden würden.

Indem unser Gehirn auf Routinen und Gewohnheiten zurückgreift, ist es zwar in gewisser Weise träge und faul, schützt uns aber gleichzeitig vor Überforderung und spart sich damit Energie.

Mit diesem Energievorrat können wir entsprechende Reaktionen nutzen, um unser Überleben zu sichern und Risiken zu minimieren, wenn wir wissen oder glauben, dass uns etwas bedroht. Wie Sie sich in dem Moment fühlen, hängt von Ihrer Wahrnehmung und der Interpretation der Geschehnisse ab.

Sie ahnen vielleicht schon, worauf ich hinauswill.

Trift uns eine Krise mit neuen, ggf. unbekannten Komponenten, sucht unser Gehirn nach ähnlichen Referenzerlebnissen, assoziiert diese mit der neuen Situation und fällt eine (unbewusste) Handlungsentscheidung.

Diese Entscheidung hat einen erheblichen Einfluss auf unseren Gefühlszustand. Dabei ergeben sich zwei Komponenten, die zu einer Kettenreaktion führen können.

1.) Möglicherweise findet unser Gehirn keine oder nur wenig ähnliche Referenzmuster. Denken Sie an dieser Stelle an unser Entwicklungsmodell und dessen Stufen auf Seite 29 zurück. Sie sind gezwungen, mit der Situation umzugehen, die Unsicherheit ist vorprogrammiert, Gefühle werden ausgelöst, die Lebensqualität sinkt usw.

Klartext: Im schlimmsten Fall beginnen Sie bei Entwicklungsstufe 0 und müssen erst mal die vierte Entwicklungsstufe erreichen.

Dabei müssen Sie sich natürlich fragen, ob Sie diese Stufe durch gezielte Techniken erreichen wollen oder lieber mit dem Strom schwimmen und in gängige Reaktionsmuster wie die Abwehrmechanismen flüchten wollen.

Spätestens seit Corona haben wir sehr wohl rational erkannt, dass nicht alles nach einem Standard abläuft, bei dem wir auf Routine zurückgreifen können. Uns ist auch bewusst, dass wir uns auf mögliche neue, unbekannte, emotionale Geschehnisse einstellen müssen, und wollen gleichzeitig unseren Alltag und Lebensmittelpunkt kontrollieren.

Das Problem: Die Kontrolle über unbekannte Situationen und unser Leben zu behalten einerseits und andererseits gleichzeitig den erlebnisnahen Wahrnehmungsmodus mit der Folge der Unsicherheit zu händeln, überfordert uns.

2.) Je nach Art und Anzahl der Referenzerlebnisse fällt das Gehirn eine (unbewusste) Handlungsentscheidung.

Jede Entscheidung, die getroffen wird, zieht allerdings eine Konsequenz nach sich. Die Gefahr, dass wir die Entscheidung als falsch wahrnehmen und sie möglicherweise negative Gefühlszustände, „ein Unwohlsein" widerspiegelt, liegt somit bei 50 Prozent.

Verglichen mit dem Strom des Lebens wird eine Art Krisenmanagement betrieben, bei dem man sich entscheiden muss, ob man nach links oder rechts schwimmt. Das ursprünglich festgelegte Ziel immer mehr aus den Augen verloren, geht es nur noch darum, nicht unterzugehen, geschweige denn zu ertrinken. Mit Blick auf die Gefahr, dass man in die falsche Richtung schwimmen könnte, greift die Psyche mit ihren vielfältigen Komponenten ein und steuert uns in eine Schutzrichtung – überwiegend mit dem Ergebnis klassischer Reaktionsmuster oder Abwehrmechanismen, wie die Krise aussitzen, hinnehmen, verdrängen oder verschieben (vgl. Kapitel „Mir reicht es, ich geh mich schützen").

Die Entscheidung, gegen die neue Situation zu kämpfen, ist viel zu unsicher. Wir müssen uns selbst einen Schutz bieten, weshalb die Reaktion lautet: „Mir reicht es, ich geh mich schützen. Ich messe dem Vermeiden von Schmerz sowieso höhere Priorität bei als dem Zugewinn von möglicher Freude durch den Kampf gegen die Krise! Vermeide alle Veränderungen, diese erzeugen gemischte Gefühle und verunsichern!"

Auf den ersten Blick erscheint uns diese Entscheidung angenehm und positiv. Auf den zweiten Blick jedoch nehmen wir wahr, dass dieses Verhalten (starken) kognitiven Stress bedeutet, negative Gefühle nicht ausgelöscht sind und somit die Lebensqualität sinkt. Folglich sind wir gezwungen, verschiedene Möglichkeiten abzuwägen und uns mehr Gedanken über Entscheidungen zu machen.

Zu diesem Zeitpunkt hat das Kopf-Kino bereits begonnen. Ein Zustand, der unangenehm erscheint und dem wir uns „eigentlich" entziehen wollen. Nicht selten berichten Klienten davon, dass sie an einem Punkt im Leben angekommen seien, an dem der Alltag sie überfordere, bei dem sie das Gefühl haben, nichts ginge mehr vorwärts.

Sie sprechen dann zwar davon, dass sie die Entwicklungsstufe 4 erreichen wollen und ihre Denk- und Verhaltensprozesse ändern möchten, hadern aber mit sich. Schwankungen der Gefühle wandern von der Peripherie ins Zentrum unserer Empfindungen. Es entsteht ein Kopf-Kino nach dem Motto: „Sicheres Terrain verlassen – auch wenn ich mich nicht wohl fühle – oder den Schritt ins Ungewisse wagen?", „Soll ich?", „Soll ich nicht"? „Ja, nein, vielleicht?", „Was wäre wenn?"

Das bedeutet für unser Gehirn Stress, denn diese Entscheidung hat auch in diesem Fall wieder eine 50-prozentige Chance auf einen positiven und eine 50-prozentige Chance auf einen negativen Ausgang.

Bei diesem Prozess spielt das Unterbewusstsein eine erhebliche Rolle, denn es steuert unsere Handlungen zu ca. 95 Prozent. Ohne dass wir es bewusst wahrnehmen, hat das Unterbewusstsein bereits die Entscheidung für uns getroffen. Nicht zu unterschätzen ist auch der Einfluss der Medien oder des Umfeldes auf das Unterbewusstsein. Wenn zum Beispiel Ihr Umfeld alles schwarzsieht, dann entwickeln sie ähnliche Vorstellungen, die zum Ergebnis führen, dass Ihre positive Einstellung zum Leben und somit die Lebensqualität sinkt. Stellen Sie sich vor, Ihre Freunde – oder Medien – appellieren wiederholt, dass „die Welt kaum zu ertragen ist, alles noch viel schlimmer wird". Die Wirkung auf das Unterbewusstsein ist enorm. Ihre Werte, Vorstellungen und Ansichten werden zwar geprüft, aber über kurz oder lang werden Sie die Sichtweise(n) teilen.

Selbstverständlich gibt es noch mehr Einflussfaktoren, die auf das Unterbewusstsein und dessen Entscheidungssteuerung einwirken … (siehe auch im Teil von Hausmeister Shanghai, Anhang und Glossar).

Alte Wege nicht verlassen vs. neue Wege ausprobieren ... Das ist der entscheidende Unterschied zwischen denjenigen, die angesichts der Krise in eine ängstliche, frustrierte Zukunft sehen, und denen, die in eine unsichere, aber womöglich positive Zukunft blicken. Beide haben die Krise als Ausgangspunkt zu bewältigen, beide handeln und beide haben eine Vorstellungskraft über ihre Zukunft – in ganz unterschiedliche Richtungen. In welche Richtung Sie auch immer blicken, machen Sie sich eins bewusst: Beide Richtungen haben eine unheimliche Macht. Es ist diese Art von Macht, die die Lebensqualität im Hier und Jetzt und zukünftig beeinflusst.

Ändern Sie Ihre Denk- und Handlungsprozesse, ändern sich Ihre Ergebnisse – und zwar IMMER!

Da kleine Hinweise zu den richtigen Verhaltensweisen führen können, die helfen, mehr Lebensqualität zu erlangen, habe ich Ihnen nachstehend ein paar Aspekte angeführt.

Sie haben es schon getan – Sie wissen es nur nicht

Fassen wir noch einmal zusammen:

Eine Krise trifft auf unser Gehirn. Um den Gewohnheitsprozess für einen Umgang mit dieser auszulösen, sucht es nach ähnlichen Referenzmustern – findet wenige oder möglicherweise keine. Durch diesen Umstand werden Gefühle wie Unsicherheiten, Angst etc. ausgelöst.

In den meisten Fällen wird sich in gängige Reaktionsmustern geflüchtet. Negative Gefühle bzw. Gefühlsschwankungen begleiten das Leben.

Betrachten wir die Sache einmal wie folgt:

Der abstrakte Denk- und Handlungsprozess als Ganzes lässt sich in die drei Teile „Krise", „Aktion des Gehirns" und „Reaktion der Psyche" zerlegen.

Die Krise ist da, sie ist Fakt und nicht wegzudiskutieren. Das gilt auch für den Mechanismus, dass das Gehirn nach gängigen Mustern sucht. In diese zwei Teile können wir unmöglich eingreifen. Fakt ist auch, dass die Psyche so reagiert hat, wie sie nun einmal auf Neuland reagiert hat.

An diesem Punkt kommen manchmal meine Klienten auf mich zu und sagen: „Sehen Sie, das alles ist so deprimieren, frustrierend und macht Angst." Ich frage in dem Moment nicht, warum das deprimierend und frustrierend ist, und auch nicht, was daran Angst macht. Die Antwort läge auf der Hand, da sie denken, dass sie gegen den Prozess nichts tun können. Ich stelle die Frage, ob sie einzeln die Gefühle deprimierend, frustrierend und angstmachend beschreiben können. Nach der Beschreibung stelle ich die Frage, wie sie in der Vergangenheit vorgegangen sind, was sie getan haben, um den deprimierenden, frustrierenden, angstmachenden Zustand zu verändern.

Diese Fragen erzeugen ganz gezielte Aha-Effekte.

Es geht nicht darum, in einen durch Automatismen gesteuerten Prozess einzugreifen, um hinterher feststellen zu müssen, dass dieser Prozess nicht veränderbar ist. Es geht darum, das Ergebnis zu verändern, indem wir uns das Wissen über diesen Prozess zu Nutze machen.

Wenn Sie wissen, dass unser Gehirn nach alten Mustern sucht, dann helfen Sie ihm bei der Suche.

Das Steuern von Gefühlen ist kein Neuland! Alle von uns waren schon einmal in Situationen, die uns in negative Stimmungen versetzt haben. Wir alle kennen Einsamkeit, Frustration, Wut, Angst, Traurigkeit usw., sonst könnten wir diese Gefühle nicht beschreiben.

Gehen Sie kurz in sich und überlegen Sie, welche Strategie(n) Sie damals angewandt haben, um aus dem Stimmungstief herauszukommen.

Kopf-oder-Zahl-Strategie

Sind Sie wirklich bereit für eine Denk- und Verhaltensveränderung oder zögern Sie noch?

Fragen Sie Ihr Unterbewusstsein ...

Um eine Antwort zu erhalten und Ihnen gleichzeitig die Macht des Unterbewusstseins etwas näherzubringen, greife ich gerne auf den sogenannten „Münzwurf" zurück:

Rufen Sie nun Ihre persönliche Krise Nummer 1 ab und nehmen Sie eine Münze zur Hand.

Ordnen Sie Kopf und Zahl jeweils einer Option zu: „Ich will der Krise die Stirn bieten" bzw. „Ich will nicht der Krise die Stirn bieten".

Werfen Sie die Münze und sehen Sie sich das Ergebnis an.

Was ist passiert, als die Münze fiel? Sind Sie erleichtert, dass diese Seite gefallen ist, oder wäre es Ihnen lieber gewesen, wäre die andere Seite gefallen?[9]

Sollte Ihr Unterbewusstsein bereit zum Kampf sein, bietet das die ideale Voraussetzung für unseren gemeinsamen Weg hin zur vierten Entwicklungsstufe.

---

[9] Dieser kleine Trick funktioniert übrigens immer, wenn Sie sich zwischen zwei Optionen nicht entscheiden können bzw. Sie Angst haben, (mal wieder) die falsche Entscheidung zu treffen. Wenn Sie sich das nächste Mal beim Einkaufen zwischen der schwarzen und blauen Hose nicht entscheiden können, wissen Sie jetzt, was Sie zu tun haben ...

Sollte Ihr Unterbewusstsein jedoch zögern, stelle ich die Behauptung auf, dass dies an mindestens einem der folgenden Punkte liegt:

- Angst/Unsicherheit vor einem unüberschaubaren Risiko, um ein positives Ergebnis zu erzielen.
- der Vorteil des bequemen „Mit-dem-Strom-Schwimmens" – wie es die Mehrheit tut
- Trägheit
- mangelnder Mut
- Angst vor fehlenden Fähigkeiten

Seien Sie an dieser Stelle bitte ehrlich zu sich. Schließlich haben Sie „eigentlich" dieses Buch gekauft, weil Sie etwas verändern möchten oder zumindest neugierig auf mögliche Veränderungen sind.

Sollten Sie immer noch zögern, dann sind Sie noch nicht so weit. Das ist nicht dramatisch und Sie sollten sich nicht stressen. Lesen Sie einfach weiter, denn Sie werden sich und Ihr Verhalten im nächsten Kapitel wiederfinden und automatisch Ihrem Unterbewusstsein einen kleinen „Schubs" geben. Allerspätestens nach dem Kapitel „Sei kein Frosch und spring" wird Ihr Unterbewusstsein die Dringlichkeit und Notwendigkeit zur Veränderung wahrnehmen.

Unterbewusstsein und Vorbilder

Wenn ich meinen Klienten sage, dass sie ihr Unterbewusstsein benutzen müssen, da es sonst sie benutzen wird, meine ich es genauso, wie ich es sage.

Denn es wird sie durch seine Empfänglichkeit für die Beeinflussung von außen steuern. Jede Information (positiv oder negativ) vermischt sich mit einer Emotion und kann das Unterbewusstsein beeinflussen. Denken Sie an die Medien mit ihren drei Zielen „Informationswirkung, Beeinflussungswirkung und Überzeugungswirkung" zurück. Denken Sie an das beschriebene Umfeld, das Ihnen so lange die Welt „schwarzmalt", bis Sie sie auch schwarzsehen.

Menschen versuchen eben manchmal, uns dazu zu treiben, ihre Gefühle und Ansichten zu übernehmen. Insbesondere in Krisensituationen ist das ein weitverbreitetes Phänomen. Wenn Sie darüber nachdenken, ist es Ihnen vielleicht auch schon mal so ergangen. Möglicherweise waren Sie auch nicht der Getriebene, sondern (unbewusst) der Treiber in der Sache.

Kurzum

Unser Unterbewusstsein ist fähig, relativ schnell zu lernen, und hört ganz gut auf Befehle und Anweisungen.

Das Gute

Es hört nicht nur auf andere, es hört auch auf uns selbst!

Zu den Möglichkeiten, das Unbewusstsein in Krisensituationen zu steuern, gehört es, die negative Befehlskette zunächst zu unterbrechen. Lösen Sie sich von jeglichen negativen Einflüssen und finden Sie heraus, welche Menschen Ihnen in Ihrer Umgebung guttun. Das Gleiche gilt für den Medienkonsum (Vertiefung im finanziellen Teil).

Vergessen Sie dabei nicht, dass Sie (weitestgehend) frei in der Entscheidung sind, mit welchen Personen Sie sich umgeben.

Suchen Sie sich gezielt Menschen in Ihrer Umgebung, die Ihnen etwas beibringen, von denen Sie sich etwas „abschauen" können. Sprechen Sie mit diesen Menschen und hinterfragen Sie deren Denkweisen. Finden Sie heraus, wie diese Personen es machen, mit ähnlichen oder gleichen Krisen auf eine positive Art und Weise umzugehen.

An dieser Stelle sollten die Erläuterungen zur Unterbewusstseinssteuerung vorerst ausreichen. Weitere Tipps und Hinweise erhalten Sie im Kapitel „Wege zum neuen Morgen".

Sie haben soeben verschiedene Prozesse kennengelernt, die Ihnen bis zu diesem Zeitpunkt vielleicht nicht derart bewusst waren. Sollten Sie sich reflektiert haben, haben Sie auch sich und Ihre Verhaltens- und Denkprozesse besser kennengelernt. Dies wird Ihnen helfen, künftige Krisen zu durchschauen. Auch werden Sie durch die entsprechenden Hinweise und Tipps Informationen das nächste Mal bewusster filtern und Gedanken sortieren können.

Im nächsten Kapitel werden Sie erfahren, wie wir Menschen mit unangenehmen Gefühlszuständen in der Regel umgehen. Das Gelesene werden Sie auch mit sich und anderen abgleichen und dabei sich selbst und andere wiedererkennen.

Beachten Sie dabei bitte, dass alle angeführten Reaktionsmuster weder falsch noch schlecht sind. Es sind einfach menschliche Reaktionen, bei denen das Unterbewusstsein seine Finger mit im Spiel hat. Es lohnt sich trotzdem, die Aspekte zu hinterfragen, weil die angeführten Verhaltensweisen häufig mit selbstzerstörerischen Gewohnheiten in Krisensituationen – aber auch in anderen Situationen – zu tun haben.

Wenn Sie beispielsweise die Erfahrung machen, dass die Verdrängung oder Verleugnung der Krise den Zustand erträglicher macht, werden Sie sich daran gewöhnen und dieses Verhalten nicht so schnell aufgeben. Dadurch laufen Sie

Gefahr, dass Sie veränderungsresistent werden. (Denken Sie an die durchschnittlich sechs Wiederholungen, die für Merkeffekte nötig sind, und die durchschnittlichen 30 Tage, bis sich eine Gewohnheit einstellt.)

Versuchen Sie, ein Bewusstsein für Ihr Verhalten zu entwickeln, und achten Sie auf die angeführten Gefahren und Tipps. Vielleicht können Sie an dieser Stelle eine neue Strategie entwickeln oder eine vorhandene modifizieren.

KRISEN SIND NICHT KOMPLIZIERT, SIE SIND EINE HERAUSFORDERUNG FÜR ALLE

Es reicht lange nicht mehr aus, nur das Opfer einer Krise zu sein, nur weil Medien und auch wir selbst uns das immer und immer wieder einreden. Medien „hämmern" es uns wiederholt in die Köpfe. Auch wir selbst tun das so lange, bis wir von unserer eigenen falschen Wahrheit überzeugt sind.

Beeinflussungsmaßnahmen von außen nutzen unsere Naivität aus und drängen uns zu glauben, dass das Leben in Krisen nur einen Sinn hat, wenn es gemeinsam von der Gesellschaft getragen wird. Unsere Gesellschaft bringt Stereotype in dieses Chaos und macht es uns leicht, die Schuld für unsere negativen Gefühle auf die Krise zu schieben. Was wichtig war, scheint auf die Dauer vergessen.

Die Portion Hoffnung verschwindet, der Modus Aushalten, Aussitzen, Verdrängen … ist angeschaltet. Und der Schmerz? Dieser lässt sich leichter aushalten, wenn wir ihn teilen. Der Schmerz scheint eine Trophäe zu sein, mit der man prahlen und sich messen kann.

Ja, der Cocktail aus Krise und Menschen fasziniert mich immer wieder. Mich faszinieren nicht die unterschiedlichen schlimmen Schicksale. Mich fasziniert, wie Menschen durch den gesellschaftlichen und eigenen Wahrnehmungsmodus gesteuert werden und auf zwei Arten mit Krisen umgehen:

diejenige Art, bei der wir das Beste aus uns herausholen und den Krisen die Stirn bieten, und diejenige, die uns auf Dauer zerreißt. Meist entscheiden wir uns für die falsche Art. Uns wird vorgelebt, dass wir sowieso nichts gegen die Situation tun können. Uns wird beigebracht, dass Schmerz in Krisensituationen gut ist. Nein, es stimmt nicht. Schmerz fasziniert, aber er tut weh.

Wir müssen bestmöglich mit Krisen leben, ohne dabei auf der Strecke zu bleiben. Dafür benötigen wir zwei Grundvoraussetzungen: Wir müssen die Situation besiegen wollen und wissen, wie wir den Weg dorthin am besten bestreiten. Ein strategisch an die Person angepasster Krisenumgang liegt jedem Reboarding ins Leben zugrunde. Wenn Sie versuchen, eine bessere Lebensqualität zu erzeugen – und sei es „nur", dass Sie in der Situation ruhig schlafen möchten – ohne eine passende Strategie anzuwenden, können Sie es direkt sein lassen. Traurig, aber wahr: Ohne die für Sie passende Strategie geht es nicht!

Wir hören uns ständig Probleme und Krisen von Menschen unserer Umgebung an.
Nicht selten erliegen wir bei dieser Kommunikation willkürlichen Denkprozessen, die den Zustand und das Verhalten der Vergangenheit widerspiegeln.
Es werden zahllose Erinnerungen mit sehnsüchtigen Gefühlen aktiviert, die teils nur schwer in Worte gefasst werden

können. Für diesen vergangenen Zustand würden wir vieles tun, könnten wie ihn doch nur gerade jetzt zurückholen.

Wenn wir Menschen in Krisenzeiten in der Vergangenheit schwelgen, dann tun wir das, weil unser Gehirn mit der aktuellen Situation nicht zurechtkommt. Wie Sie wissen, sucht es nach alten Mustern, um vertraute Reize einordnen und interpretieren zu können. Das Unterbewusstsein aktiviert automatisch die Erinnerungen, weckt Sehnsüchte, denn genau die Handlungen, die wir uns vorstellen, sind zu dem Zeitpunkt nicht möglich. Rückblickend hat uns die Vergangenheit auf irgendeine Art Sicherheit gegeben – ganz im Gegensatz zur jetzigen Situation.

Es wird versucht, die Unsicherheit mit Erinnerungen an die „guten alten Zeiten" zu kompensieren.

Es ist kein Geheimnis mehr, dass unsere Wahrnehmung selektiv, aktiv und subjektiv ist und an das Gehirn weitergeleitet und in dessen Sprache übersetzt wird. Es ist auch bekannt, dass dadurch für jeden seine bewusst erlebte Wirklichkeit entsteht.

Manchmal denken wir, dass wir uns durch Krisen mit unseren Ansichten voneinander entfernen, während wir uns in Wirklichkeit sogar näherkommen.

Es scheint so, als gäbe es eine gemeinschaftliche, übereinstimmende erlebte Wirklichkeit.

Ich sage immer: Die Einsamkeit, der Schmerz und die Ungewissheit beißen uns kollektiv in die Seele, schweißen zusammen, als wären die Menschen Seelenverwandte. Das geht so weit, dass fremde Menschen mit unterschiedlichen Erlebnissen über übereinstimmende, gemeinsam empfundene Gefühle kommunizieren.

Das hört sich dann meist so an: „Wissen Sie noch, als es noch kein Corona gab, da ging es mir …", „Ja, mir auch …", „… wenn ich an Zeiten vor dem Krieg denke, da muss ich ganz ehrlich sagen, da hatte man das Gefühl …", „Ja, das kenne ich, ich weiß genau, was Sie meinen …"

Dabei laufen wir Gefahr, uns in eine Art Scheinwelt zu begeben, die die Wirklichkeit ablöst – ohne dass wir es merken.

Auf der anderen Seite ist zu beobachten, dass wir nicht selten bei Gesprächen dazu tendieren, uns mit der anderen Person zu vergleichen, zu messen bzw. zu konkurrieren. Wir orientieren uns am Umfeld, vergleichen die soziale Position und dann geht das Wortgefecht los.

Wir legen uns dabei richtig ins Zeug, denn jedes Mittel ist uns recht, um uns zu vergleichen und unser Problem schlimmer zu machen als das des Gesprächspartners. Nach dem Motto „Glaubst du, du hast es schlecht? Ich muss in Zukunft wieder fünf Tage die Woche ins Büro fahren – und das bei den Benzinpreisen" oder „Du hast Probleme, das ist nichts gegen ..." „Was soll ich erst sagen ...?" übertrumpfen wir uns selbst, verdrehen die Tatsachen und sind sogar bereit, ursprüngliche Normen, Werte, Grund- und Glaubenssätze aufzugeben.

Das hat nichts mehr mit Krisenmanagement zu tun. Es ist vielmehr ein menschliches Phänomen, das im Zusammenhang mit der Überlagerung der Hilflosigkeit und der Erhaltung/Erhöhung des Selbstwertgefühls durch das Streben nach Anerkennung steht.

Dies ist sogar in Familien oder langjährigen Freundschaften zu beobachten.

Wenn Sie Ihr Ziel wirklich erreichen wollen und den passenden Weg zur Erreichung dieses Ziels gefunden haben, werden Sie Menschen auf eine ganz andere Art begegnen und mit ihnen kommunizieren. Sie werden einen erheblichen Unterschied feststellen. Wäre es nicht viel schöner, ein qualitativ besseres Leben zu leben, gleichzeitig durch Ihr Wissen und Ihr Krisenmanagement dem Gesprächspartner „neue" Denkanstöße zu vermitteln und obendrein noch Sympathie für Sie und Ihre Vorschläge zu erhalten?

Diese beiden Handlungen sind Beispiele für klassische Reaktionsmuster, bei denen wir gemeinsam in die Vergangenheit flüchten und/oder uns gegenseitig „übertrumpfen".

Neben diesen Verhaltensinteraktionen begegne ich in meiner täglichen Arbeit einer ganzen Reihe weiterer menschlicher Reaktionen, mit denen versucht wird, sich aus Gefahren-/Stresssituation herauszunehmen und somit den gegenwärtigen Zustand etwas erträglicher zu machen.

MIR REICHT ES, ICH GEH MICH SCHÜTZEN

Dank der Erfahrung, unterschiedlichsten Analysen, aber auch insbesondere den Untersuchungen des berühmten Psychoanalytikers Sigmund Freud sind wir heutzutage in der Lage, derartige Verhaltensreaktionen zu benennen, zu beschreiben und zu erklären. Sigmund Freud beispielsweise untersuchte die Art und Weise der Regulierung von zwischenmenschlichen bzw. innerseelischen Konflikten und gab ihnen allgemein den Namen Abwehrmechanismen. (Sie erinnern sich an die plastische Beschreibung der zwei Richtungen, in die wir schwimmen können, im vorangegangenen Kapitel.)

Teile der Verhaltensreaktionen[10], die mir am häufigsten begegnen, habe ich Ihnen im Folgenden zusammengestellt. Das Ausmaß und die Anwendung sind selbstverständlich persönlichkeitsabhängig. Zu beachten gilt, dass eine Reaktion eine weitere durchaus auslösen kann oder von ihr abhängig ist. Zum besseren Verständnis und zu einer klareren Darstellung werden sie einzeln vorgestellt.

---

[10] Weitere bzw. nähere Ausführungen insbesondere zum Thema Corona entnehmen Sie meinem Buch „Gift im Kopf – Wege durch die Pandemie".

Ganz klar und deutlich möchte ich ausdrücklich darauf verweisen, dass alle angeführten Beispiele und Tipps sich nicht auf Krisensituationen mit extrem gravierenden Ursachen wie etwa ein Trauma durch Gewaltverbrechen oder Ähnliches beziehen. In diesem Fall experimentieren Sie nicht, sondern suchen Sie sich entsprechende Hilfe.

Verhaltensreaktion 1

Name	Eigenschaft(en)/Beispiel
Vermeidungsverhalten	• meist bewusste Vermeidung von Situationen, die Stress durch negative Gefühle erzeugen könnten (eine Art Überlebensmechanismus) • Die Priorität liegt auf der Vermeidung von Schmerz anstatt dem Zugewinn von Freude. Beispiele: • Als Sie die Tätigkeit X im Beruf Y ausgeübt haben, haben Sie sich verletzt. Seitdem löst diese Tätigkeit Stress in Form eines Unbeha-

gens aus. Um dieses Gefühl zu vermeiden, versuchen Sie, dieser Tätigkeit aus dem Weg zu gehen.

- Um abzunehmen, starten Sie eine
  Diät, die den Konsum von Zucker
  verbietet. Deshalb wird der Partner
  zum Einkaufen geschickt.

Gefahr

Auf den ersten Blick mag eine Vermeidungsstrategie
bequem und wie eine Art Schutzmantel für unsere Psyche erscheinen. Auf den zweiten Blick jedoch besteht
die Gefahr der sogenannten positiven Verstärkung.

Indem Sie – wie im Beispiel beschrieben – die Arbeit
vermeiden und vor sich „her-/wegschieben" oder dem
Einkauf aus dem Weg gehen, erfahren Sie eine gewisse Form der Belohnung.

Je häufiger Sie eine Situation vermeiden, desto mehr
manifestiert sich die Belohnung – es entsteht eine positive Verstärkung.

Im Umkehrschluss bedeutet dies, dass es nicht möglich ist, mit diesen negativen Gefühlen umzugehen, da
diese systematisch vermieden werden.

Je nach Situation kann Vermeidungsverhalten Frustration, Angst, soziale Isolation bis zu verstärktem Alkohol- und Zigarettenkonsum auslösen.

Tipp

Prüfen Sie zunächst, ob Sie in Ihrer (Krisen-)Situation die Vermeidungsstrategie anwenden. Nutzen Sie hierfür folgende Kontrollfragen als Hilfestellung:

- Vermeiden Sie es, über das Problem/die Situation zu sprechen? (je nach Situation bezogen auf eine Kommunikation mit anderen und/oder mit sich selbst)
- Verschließen Sie die Augen vor der Situation, lenken Sie sich ab oder schieben Sie es „vor sich her"?

Wenn Sie die Strategie in Situation X anwenden, akzeptieren Sie dies und denken über den/die Auslöser nach:

- Tun Sie dies freiwillig oder tun Sie das, weil ein bestimmter Reiz dieses Verhalten ausgelöst hat?
- Sind Sie bereits positiv verstärkt worden? Wie häufig wenden Sie die Strategie beim gleichen Thema an?
- Welche genauen Gefühle möchten Sie vermeiden?

Wechseln Sie den Blickwinkel:

- Sind Sie sicher, dass Sie durch dieses Verhalten ausschließlich, immer nur negative Gefühle vermeiden? Oder ist es möglich, dass Sie positive Gefühle durch die Vermeidung verpassen?

- Welche Gefühle wollen Sie fühlen? Arbeiten Sie hier mit Ihren bevorzugten Sinnen. Denken Sie an die Wiederholungen, damit sich die Gefühle im Unterbewusstsein „einbrennen".

- Jedes Mal, wenn der bestimmte Reiz die Verhaltensweise auslöst, denken Sie an Ihren neuen Blickwinkel und die gewünschten Gefühle.

- Belohnen Sie sich mit etwas Schönem.

Meine Notizen:

_____

_____

_____

_____

_____

_____

Name	Eigenschaft(en)/Beispiel
Reaktanz	• eine dem Bewusstsein entgegengesetzte Handlungsweise durch Einschränkung des Handlungsspielraums; umgangssprachlich auch als „Trotzreaktion" durch „In-die-Ecke-Drängen" bekannt (Einengung der Freiheit) • Dies ist eine eher seltene, aber dennoch angewandte Strategie. Sie wird meist als Reaktion auf Bestrafung ausgelöst. • Sie steht im Zusammenhang mit dem „Reiz des Verbotenen", durch den eine Sache erst richtig attraktiv und interessant wird. Beispiele: • Corona-Lockdown oder Kontaktbeschränkungen werden als Bestrafung wahrgenommen, weshalb eine Corona-Party veranstaltet wird.

- Ein Kind verhält sich trotzig, wenn es sein Zimmer aufräumen oder die Hausaufgaben machen soll.
- Der Kund durchschaut einen Beeinflussungsversuch im Verkauf, sodass er in Ihrem Unternehmen „erst recht nichts kauft".

Gefahr

Reaktantes Verhalten ist (un-)kalkulierbar. Damit ist gemeint, dass durch gewisse Bestrafungsstrategien meist schon abgewogen werden kann, ob und inwiefern eine mögliche Reaktanz stattfinden könnte. Ich kenne niemanden, der die hohen Benzinpreise oder Lebensmittelpreise insofern als Bestrafung wahrnimmt, als er als Trotzreaktion extra zur teuersten Tankstelle/zum teuersten Supermarkt fährt und dort tankt/konsumiert.

Eine gefährliche Reaktanz und somit unkalkulierbar hingegen könnte die Reaktion eines Machthabers sein, wenn er sich durch Waffenlieferungen etc. in die Ecke getrieben fühlt und entgegen den Erwartungen handelt.

Bei Reaktanz geht es darum, die Ausgangsbasis des erzeugten Verhaltens genauestens zu prüfen.

Stellen Sie sich die Frage, ob es sich lohnt, mit Trotz und Widerstand zu reagieren oder was passieren würde, wenn Sie gelassen mit der Situation umgehen würden.

Wenn Sie das Prinzip der Reaktanz verstanden haben, haben Sie einen erheblichen Vorteil, denn Sie können das Verhalten anderer Personen beschreiben, steuern und vorhersagen.

Wenn Sie in einer Kommunikation beispielsweise die Autonomie hervorheben, indem Sie auf die Worte „sollen" und „müssen" verzichten, Drohungen vermeiden und den Nutzen einer Bitte hervorheben, ist die Wahrscheinlichkeit sehr hoch, dass keine Reaktanz entsteht und die Person Ihrer Bitte nachkommt.

Meine Notizen:

_____

_____

_____

_____

_____

_____

Name	Eigenschaft(en)/Beispiel
Hinneh-men/Aus-sitzen	• Wird mit dem Blick in die Zukunft angewandt, dass sich das Problem irgendwann von selbst erledigen wird. Beispiele: • Konflikte mit anderen Personen oder Stress am Arbeitsplatz wie etwa die „unverschämte Art und Weise eines Kollegen", die ignoriert werden mit der Hoffnung, dass sich das Problem von selbst erledigen wird, wenn der Kollege kündigt • Corona, Krieg, Midlifecrisis oder Liebeskummer

Gefahr

Bei dieser Strategie ist nach kurzer Zeit zu beobachten, dass die Geduld zu warten, „bis Gras über die Sache gewachsen ist", zum Problem werden kann.

Es wird auf Informationssuche gegangen, um Auskunft über ein zeitliches Ende der Krise zu erhalten. Wenn aber bei der Recherche die (Medien-)Kommunikation eine gewisse Stufe überschreitet und eine verstärkte Bedrohung wahrgenommen wird, kommt die Strategie des Hinnehmens/Aussitzens ins Schwanken. Es wird jegliche Hoffnung auf ein absehbares Ende zerstört, wodurch sich die negativen Gefühle verstärken und Reaktanz ausgelöst werden kann.

Beim Aussitzen und Hinnehmen einer Person, besteht die Gefahr, dass die Gefühle negativ verstärkt werden und somit beispielsweise Ihre Leistung und das Arbeitsklima darunter leiden. Meist wird das Aussitzen an einem gewissen Punkt überschritten und die Kommunikation endet in Streit, mit Vorwürfen und/oder Beleidigungen.

Tipp

Manchmal ist die Psychologie in sich widersprüchlich, denn wenn es um die Beeinflussung durch Medien geht, ist der Einsatz des Vermeidungsverhaltens eine gute Strategie. Suchen Sie nicht ständig nach Informationen. Legen Sie für sich persönlich fest, wie viele Nachrichten Sie am Tag konsumieren.

Sollte das Hinnehmen/Aussitzen das Ergebnis eines zwischenmenschlichen Problems sein, gehen Sie zunächst mit sich selbst in den folgenden Dialog:

- Was sind Ihre Einstellungen/Meinungen?
- Könnte es sein, dass die Person und Sie andere Einstellungen/Meinungen und Überzeugungen haben?
- Ist es möglich, dass Ihre Erwartungen, die Sie an diese Person stellen, nicht erfüllt worden sind?

Anstatt sich über die nächste Verhaltensweise zu ärgern und womöglich in einen inneren Dialog zu treten, bei dem Sie sich denken, dass die Person dieses oder jenes mit einer (weiteren) missbilligenden Absicht getan hat, wenden Sie folgende Strategie an: sachliche Beschreibung, Gefühl, Bedürfnis und Bitte.

Ein Beispiel:

„Ich bin verärgert (Gefühl), dass Sie zum Meeting unserer Kunden in Teams die Kamera immer wieder ausgeschaltet haben (sachliche Beschreibung). Ich wünsche mir von Ihnen gegenüber den Kunden und mir mehr Respekt (Bedürfnis). Bitte lassen Sie die Kamera zukünftig an (Bitte)."

Diese Art der Kommunikation hat sich übrigens auch beim Umgang mit Kindern bewährt.

Meine Notizen:

_____

_____

_____

_____

_____

_____

Name	Eigenschaft(en)/Beispiel
Verdrängung	• Das Ziel ist es, die unerwünschten Gefühle aus unserem Leben zu vertreiben. • Männer verdrängen stärker als Frauen – insbesondere bei Angst. • Verstärkt bei Corona oder der Wirtschaftskrise ist zu beobachten: Man denkt lieber nicht darüber nach, wie sich das Szenario (weiter-)entwickeln könnte.

Gefahr

Unterschätzen Sie die Verdrängung nicht, denn die Gefühle werden nur ins Unterbewusstsein verschoben und tauchen bei der nächsten Gelegenheit in verstärkter Form wieder auf.

Auch wenn Sie gerade einen Aha-Effekt beim Lesen hatten, ist die Identifikation einer Verdrängung nicht ganz einfach. Das ist der Tatsache geschuldet, dass das Unterbewusstsein ohne das Bewusstsein das Ruder übernimmt.

Es wird vielleicht etwas greifbarer, wenn Sie an einen wiederkehrenden Traum oder ein „sprachliches Missgeschick" denken, bei dem etwas gesagt wird, das durch die Verdrängung eigentlich nicht gesagt werden sollte. Letzteres nennt man den Freudschen Versprecher. (Einen berühmten Freudschen Versprecher beging Helmut Kohl, als er eigentlich darauf hinweisen wollte, dass man „pfleglich miteinander umgeht". Stattdessen sprach er von „pfleglich miteinander untergehen".)

An dieser Stelle kann ich Ihnen nur einen Tipp geben: Es geht in erster Linie darum, dass Sie wissen, dass diese Strategie existiert. Beobachten Sie sich selbst ganz genau. Nehmen Sie zur Kenntnis, was Sie träumen, wie oft sich das wiederholt und ob Sie seltsame Empfindungen verspüren. Schreiben Sie Ihre Gefühle nieder.

Meine Notizen:

_____

_____

_____

_____

_____

Name	Eigenschaft(en)/Beispiel
Rationali-sierung	• Verhaltensergebnis der Reduzierung eines Konfliktes im Kopf (zwei Bewusstseinsinhalte werden nicht als kompatibel empfunden und müssen abgebaut werden: Burger gegessen trotz Diät/rauchen trotz Abraten des Arztes etc.) • Es wird nach der Logik, dem Sinn der gefühlsmäßigen Reaktion, des Verhaltens und/oder Gedankens gesucht und diese werden somit gerechtfertigt. • steht im Zusammenhang mit sich etwas „schönreden", „einreden", „rechtfertigen" gegenüber anderen und sich selbst Beispiele: • Die Diät wird durch das Essen einer Pizza unterbrochen.

Durch die Rationalisierung wird das schlechte Gewissen abgebaut: Man redet sich ein, nur eine kleine Pizza mit wenig Käse gegessen zu haben und dass es nicht gut sei, so abrupt auf alles zu verzichten.

- Eine Person fährt mit dem Auto zur Arbeit und wird von den Kollegen auf den Klimawandel und dessen Folgen angesprochen. Um die Angst vor der Zukunft abzubauen, redet sie sich ein, dass die Anfahrt mit der Bahn (fast) unmöglich sei.

Gefahr

Wenn rationalisiert wird, ist immer ein Konflikt im Kopf vorangegangen, welcher abgebaut werden soll.

Die meisten von uns wissen nicht, was eine kognitive Dissonanz ist, rationalisieren und stellen hinterher fest, dass das „Schönreden" eigentlich nicht der eigenen Weltanschauung entspricht. Nachdem bewusst geworden ist, dass die Handlung tendenziell nicht „richtig" war, kann dies bei mehrmaligen Wiederholungen zu einer Verminderung des Selbstwertgefühles führen.

Rationalisierung aufgrund kognitiver Dissonanzen ist in Krisenzeiten vorprogrammiert.

Sprechen Sie mit einem engen Vertrauten, wenn Sie bei sich kognitive Dissonanz feststellen. Wie würde er die Situation sehen? Was würde er Ihnen raten? Wägen Sie ganz genau ab. Ihr Unterbewusstsein kann Ihnen helfen – denken Sie an die Münz-Strategie Kopf oder Zahl.

Ein weiterer Tipp:

Mit dem Hintergrundwissen über die Rationalisierung können Sie Ihr Gegenüber besser durchschauen und verstehen.

Sie können gewisse Äußerungen und Handlungen einordnen und Rückschlüsse auf möglichen Weltansichten ziehen. Hierfür müssen Sie nur beobachten und genauestens hinhören.

Meine Notizen:

_____

_____

_____

_____

Name	Eigenschaft(en)/Beispiel
Verschie-bung	• Übertragung von Gefühlen gegen-über einer Sache oder Menschen auf eine andere Sache oder andere Menschen Beispiele: • Eine Person hatte seit längerem Stress mit dem Vorgesetzten im Büro. Weil sie die Wut nicht ausdrü-cken kann, wird der Stress abge-baut, indem zu Hause der Frau ge-genüber aggressives Verhalten ge-zeigt wird. • Die Wut auf Putins Krieg ist so groß, dass man ein Glas an die Wand wirft.

Verschiebung ist so gesehen ganz praktisch, denn sie vermittelt das Gefühl, sich „Luft zu machen" und „runterzukommen". Wir sollten aber nicht vergessen, dass der „Schein" trügt.

Abgesehen von sachlichen Schäden und zwischenmenschlichen Konflikten läuft man bei der Verschiebung Gefahr, dass Emotionen nicht verarbeitet und Probleme nicht gelöst werden.

Das im ersten Moment empfundene befreiende Gefühl ist ein Zugewinn als Ergebnis eines „Scheins".

Tipp

Sehen Sie genau hin, denn manchmal greifen wir einfach nach dem Instrument, das uns Luft verschafft, ohne dass uns dies bewusst ist.

Gerade deshalb ist es so wichtig, die persönliche Situation und Gefühle genau „unter die Lupe" zu nehmen.

Fragen Sie sich:

- Wird es sich lohnen, mit Person XY über meine Situation zu sprechen?
- Was wird passieren, wenn ich nichts sagen werde?
- Könnte es in diesem Fall zu einer Verschiebung kommen?

- Wenn ich darüber nicht sprechen kann oder will, gibt es eine andere Möglichkeit (durch Sport, Yoga etc.), die negativen Gefühle abzubauen?

Meine Notizen:

_____

_____

_____

_____

_____

_____

SEI KEIN FROSCH UND SPRING!

Warum bieten die wenigsten Menschen einer Krise nicht rechtzeitig die Stirn? Liegt es in der Natur, dass sie den Kontrollverlust mögen? Weil sie gerne leiden? Oder weil die Medien und Gesellschaft uns dazu treiben, zu denken, das Schmerz etwas Gutes ist?

Es gibt nichts, das weiter von diesen Wahrheiten entfernt sein könnte. Ich kenne niemanden, der gerne die Kontrolle verliert oder gerne leidet.

Dennoch ist das Leben manchmal hart und ungerecht und ein Kontrollverlust unvermeidlich.

Ich erzähle Ihnen auch nichts Neues, wenn ich sage, dass Leiden und Schmerz zu erfahren ein wesentlicher Bestandteil des Lebens ist.

Leiden ist keine Lebensentscheidung, gar eine Lebensaufgabe. Fakt ist vielmehr, dass Menschen häufig dazu tendieren, sich passiv zu verhalten. Sie ignorieren die Situation und versuchen, sie auszublenden, weil sie die Ereignisse nicht wahrhaben möchten. Auch wenn sich die Rahmenbedingungen ändern, der Leidensdruck sich beispielsweise erhöht, werden sie nicht aktiv.

Denn wir wollen, dass alles „beim Alten" bleibt. Wir wollen die Welt nicht so wahrhaben, wie sie wirklich ist. Manchmal reden wir uns Dinge schön, rechtfertigen unser Verhalten vor uns selbst und anderen, weil wir uns an die gute Seite der Welt klammern, die wir eigentlich lieben. Beispielsweise an die Liebe und Begeisterung, mit der wir anderen begegnen und andere uns begegnen. Wir ignorieren alle Warnzeichen, die uns klarmachen würden, dass die Ausblendung der Krise für unsere Psyche, unsere ganze Lebensqualität ein hochexplosiver Cocktail sein könnte.

Wenn dies geschieht, nennt man das das *„Boiling-Frog-Syndrom".*

In meiner Tätigkeit als Coach begegne ich diesem Syndrom häufig.

Insbesondere in Krisenzeiten, in Zeiten der Veränderung vertrauen die Menschen nicht in ihre (verborgenen) eigenen Fähigkeiten und sind veränderungsresistent.

Was genau ist das Boiling-Frog-Syndrom?

Stellen Sie sich vor, wir setzen einen Frosch in einen Topf mit kochend heißem Wasser. Obwohl Frösche Kaltblüter sind und ihre Körpertemperatur der Umgebung anpassen können, würde der Frosch den Ernst der Lage sofort erkennen, umgehend herausspringen und die Flucht ergreifen.

Was passiert aber, wenn Sie einen Frosch in einen Topf mit kaltem Wasser setzen und Sie die Herdplatte anschalten, so dass das Wasser langsam beginnt sich zu erhitzen? Zunächst registriert der Frosch die Veränderung nicht, dass er durch die Wärme langsam benommen wird. Mit zunehmender Benommenheit wird er derart kraftlos, dass er nicht mehr aus dem Wasser hüpfen kann. Er würde Unbehagen, gar Angst empfinden und versuchen, sich vielleicht an die Temperatur anzupassen oder die Hitze auszublenden. Irgendwann, wenn die Hitze unerträglich wird, das Wasser bereits kocht, ist es zu spät, um zu entkommen.

Wenn Sie in diesem Topf sitzen, tun Sie sich selbst einen Gefallen und verharren Sie dort nicht weiter.
Seien Sie kein Frosch und ergreifen Sie die Initiative, bevor es zu spät ist.

An dieser Stelle möchte ich Ihnen einen Einblick in meine Schulung geben und Ihnen und Ihrem Unterbewusstsein ein plastisches Aha-Erlebnis zur Veränderungsbereitschaft ermöglichen.
Wenn ich mich bei meinen Körpersprachenschulungen vorstelle, ist zu 99 Prozent folgender Effekt zu entdecken: Spätestens nach der Aussage, dass ich promovierte Wirtschaftspsychologin bin, kann ich förmlich sehen, dass die meisten Menschen das Wort „Wirtschaft" überhören. Aussagen wie „Oh mein Gott, da muss ich ja ab jetzt aufpassen, was ich sage" sind an der Tagesordnung. Wenn ich noch hinzufüge, dass mein Schwerpunkt Verkauf, Körperspracheneinsatz und -analyse ist, findet ein weiteres Phänomen statt: absolute Wahrnehmungs- und Bewusstseinsverzerrung. Die meisten Teilnehmer wissen plötzlich nicht

mehr, was sie sagen sollen. Ich gehe davon aus, dass plötzlich das Wort „Körpersprache" und der Doktortitel im Weg stehen. Zu beobachten ist, dass die ganze Körpersprache sich blitzschnell verändert. Beispielsweise setzt man sich aufrecht hin, lächelt und der Augenkontakt wird verstärkt. Aber warum reagieren Menschen so?

Eins ist bei fast allen Menschen gleich. Sie vernachlässigen die Wirkung ihrer Körpersprache. Die meisten konzentrieren sich immer nur auf das, was sie sagen werden, um möglichst gut rüberzukommen. Und jetzt kommt jemand, der eben nicht nur darauf achtet, was gesagt wird, sondern auch „WIE" man etwas sagt oder sich verhält.

Der Clou ist, das ganz hinten im Kämmerlein bewusst sein muss, wie mächtig unsere Körpersprache ist, sonst würden die Menschen so nicht reagieren.

Ich bin froh, dass genau das bei meiner Vorstellung ins Bewusstsein rückt. Wie ein anderer sich nonverbal verhält, so wird er von uns beurteilt. Aber wissen wir auch, ist es uns eigentlich bewusst, wie wir durch unsere Körpersprache auf andere wirken? Ich sage immer, dass die Körpersprache die menschliche Visitenkarte, ein Aushängeschild mit Wirkcharakter ist.

Es gab selten einen derart großen Hype wie um das Thema Körpersprache[11]. Ich beobachte immer wieder Menschen, die die Eindrücke der Performance beobachten und versuchen, den ‚Code' zu de- und encodieren.

Auch die Verlage und der Handel haben den Hype erkannt und propagieren mit diesem Thema. Die meisten sind populärwissenschaftliche Sachbücher, Ratgeber, Unterhaltungsliteratur oder Zeitschriften, deren Tipps und Tricks das tägliche Leben erleichtern sollen. Und die Menschen ahmen nach, üben, lernen und experimentieren.

Diese Menschen tun nichts anderes, als bekanntes Verhaltensterrain zu verlassen, und wollen lernen, ihre Wirkung und ihr Verhalten selbst zu steuern.

Vielleicht ist es bei Ihnen wie bei den Schulungsteilnehmern zu Beginn und Sie benötigen einen Anstoß, dass Ihnen bewusst wird, wie gefährlich eine Veränderungsresistenz sein kann.

Ich hoffe, ich konnte Ihnen die Dringlichkeit und die Notwendigkeit von Veränderungen mit dem Boiling-Frog-Syndrom aufzeigen.

Haben Sie erst einmal eine Veränderung durchlebt und sehen die schönen Seiten des Lebens trotz Krisensituationen,

---

[11]Interessante Forschungsergebnisse zum Thema Körpersprache liefert beispielsweise der US-amerikanische Psychologe Paul Ekman.

werden Sie feststellen, dass es Spaß macht, Neues auszuprobieren.

Den Weg müssen Sie aber keinesfalls alleine gehen. Ich
werde Sie begleiten, wie versprochen, fordern und fördern.
Denken Sie an meine Geschichte vom Eiskratzer und der
Schaufel. Diese werde ich Ihnen als Ihr Coach auf den
nächsten Seiten reichen.

Ab jetzt sollte Ihr Anspruch darin bestehen, sich das
Equipment genau anzusehen, zu lernen und einfach auszuprobieren, welche Handhabung die passendste für Sie ist.

(K)EIN ZIEL, (K)EIN PLAN

Fassen wir einmal zusammen:

Jede Krise durchläuft einen Zyklus. Dieser beginnt mit der Wahrnehmung. Dabei scheint die Situation zunächst nicht greifbar zu sein. Wir können nicht wirklich in Worte fassen, was da gerade abläuft. Es macht den Anschein, als würde auf irgendeine Art und Weise das wahre Gesicht der Krise im Verborgenen bleiben.

Daraufhin folgt das Spiel, bei dem sich nach und nach die echten Absichten der Situation zeigen. Die Krise schleicht sich in den Kopf und löst vergiftete Emotionen aus.

Und plötzlich packt uns der Zustand von Gefühlsschwankungen. Eine kognitive Kontrolle über die Stimmungen zu erlangen scheint unmöglich, denn sie treten immer wieder auf.

Dann sind wir am Höhepunkt angelangt: Langanhaltende, diffuse Emotionen setzen ein, die zur Dauertönung unseres Erlebens werden.

Ohne es zu merken, bedient sich die Krise menschlicher Mechanismen, wir verlieren jegliche Kontrolle und ziehen uns in Verhaltensreaktionen wie Abwehrmechanismen zurück.

Das Wohlbefinden leidet, die Lebensqualität nimmt ab.

Es wird Zeit, diesem Zyklus ein Ende zu bereiten, und zwar genau jetzt!

Beginnen wir mit dem Thema Ziele.

(K)ein Ziel, (k)ein Plan!

Wenn wir uns Ziele setzen, haben diese immer einen Einfluss auf unser Leben. Sie wirken auf unsere Motivation, sind reizvoll und fordern uns auf, Maßnahmen zur Erreichung einzuleiten.

Ziele zu definieren ist deshalb so wertvoll, weil wir uns selbst wie selbstverständlich dazu antreiben, (neue) Strategien auszuprobieren und Denk- und Verhaltensveränderungen durchzuführen. Wenn wir Ziele *wirklich* erreichen wollen, dann erhält unser Gehirn den folgenden Befehl: „Ergreife Maßnahmen, experimentiere mit ihnen so lange, bis du dieses oder jenes Ziel erreicht hast". Es wird ein neuer Impuls gesetzt, auf den das Gehirn sich fokussiert und entsprechend dem es handelt.

Es gilt: ***Je anspruchsvoller das Ziel, desto stärker die Fokussierung, desto höher die Motivation zur Veränderung***.

Haben Sie sich schon einmal Gedanken über Ihren Zielzustand in Krisensituationen gemacht? Damit meine ich in erster Linie den gewünschten Gefühlszustand.

Wenn ja, dann ergreifen Sie gleich die Gelegenheit, indem Sie Ihre Ziele durch die nachstehenden Anregungen modifizieren.

Sollten Sie sich noch keine Gedanken gemacht haben, dann tun Sie das bitte jetzt.

Beachten Sie ebenso die nachstehenden Hinweise. Mit den angegebenen Techniken möchte ich bewirken, dass Sie selbst sich einen neuen Impuls setzen, auf den das Gehirn sich fokussiert und entsprechend dem es handelt.

Hinweis 1:

Formulieren Sie die Zielzustände klar, deutlich und möglichst genau!

Beschreiben Sie so genau wie möglich Ihre Ziele.

Dass Sie sich nicht mehr einsam oder ängstlich fühlen möchten, reicht als Ziel nicht aus. Ihr Unterbewusstsein wird das nicht verstehen.

Fragen Sie sich, welchen konkreten Gefühlszustand Sie bis wann in welchem Bereich erreichen möchten.

Das könnte beispielsweise beim Thema Einsamkeit wie folgt aussehen: „Ich möchte in drei Wochen eine Dankbarkeit dafür entwickeln, dass ich meine Liebsten jeden Tag telefonisch sprechen kann. Ich möchte meinen Liebsten das mit menschlicher Wärme zeigen."

Hinweis 2:

Geben Sie klare Befehle!

Erinnern Sie sich an die Stelle, an der ich schrieb, dass unser Unterbewusstsein fähig ist, relativ schnell zu lernen, und auch auf Befehle von uns ganz gut hört (vgl. Seite 74). Das ist aber nur dann der Fall, wenn die Befehle verstanden werden.

Das Gleiche gilt für unser Gehirn. Geben Sie ihm Befehle, was es tun soll. Wagen Sie es aber nicht, ihrem Gehirn Befehle zu geben, was es NICHT tun soll ... der Schuss geht nach hinten los – oder denken Sie gerade jetzt **NICHT** an den rosa Elefanten?!

Hinweis 3:

Sprechen Sie dieselbe Sprache!

Unsere Vorstellungskraft kann uns anspornen, Veränderungen herbeizuführen. Wir können Sie bewusst einsetzen, um unsere Ziele zu erreichen.

Dafür müssen Ihr Unterbewusstsein und Sie aber die gleiche Sprache sprechen.

Es nützt nichts, wenn Sie scheinbar dasselbe meinen, aber einfach nicht auf den gleichen Nenner kommen.

Das heißt, Sie haben ein Sender-Empfänger-Problem.

Sie schicken dem Unterbewusstsein eine Denkweise über einen möglichen Sinneskanal, den es gar nicht bevorzugt.

Das könnte dann plastisch so aussehen:

Sie: „Ich sehe diese menschliche Wärme schon vor mir. Ich sehe meine Kollegen und mich am Schreibtisch im Unternehmen lächeln."

Ihr Unterbewusstsein: „Ich fühle, was du sagst, ich verstehe auch, was du meinst, aber ich kann deinen Bildern nicht folgen."

Machen Sie sich bewusst, dass Ihre Befehle Ihrer bevorzugten Sinneswahrnehmung entsprechen müssen.

Sprechen Sie Ihr Unterbewusstsein so an, dass es Sie versteht.

Finden Sie Ihre(n) dominierenden Sinn(e).

Sollte es Ihnen schwerfallen, diese(n) Sinn(e) zu identifizieren, können Sie auf die Übung zurückgreifen und lesen bitte den folgenden Text:

Es war einmal ...

... an einem Sonntag im Hochsommer. Sie sind bei Freunden im neuen Haus zum Grillen eingeladen. Das Haus ist vollständig in Weiß eingerichtet, klare Linien und Formen, ausschließlich Designer-Möbel. Alles gleicht der Einrichtung in einem Hollywood-Film. Die Temperatur beträgt 38 Grad.

Die Hitze ist unerträglich. Im Garten sehen Sie einen riesigen Pool mit integriertem Whirlpool. Man hat Sie im Vorfeld bereits darüber informiert, dass Sie Badesachen einpacken sollen. Sie gehen mit Ihren Freunden mit einem Glas Prosecco in den Whirlpool. Ihre Freunde stellen die Musik mit Ihren Lieblingsliedern an.

Ab und zu geht ein kleines Lüftchen, das durch Ihre Haare weht. Das Wasser ist nicht zu kalt, nicht zu warm, es hat genau die richtige Temperatur. Sie setzen sich eine Sonnenbrille auf, weil die Sonnenstrahlen Sie ein wenig blenden.

Da kommt der große Sohn Ihrer Freunde nach Hause.

Er sieht und hört, dass seine Eltern und Sie Spaß haben. Deshalb sagt er, dass er heute das Grillen übernehmen werde. Sie können zwar nicht direkt erkennen, was er grillt, aber Sie nehmen den Duft von Fleisch wahr.

Nach ca. einer Stunde ruft der Sohn, dass es Zeit wird zu essen.

Am Tisch finden Sie ein Steak mit selbstgemachter Kräuterbutter und Folienkartoffeln vor. Das Steak ist sehr saftig, es ist genau nach Ihrem Geschmack gegrillt. Abgerundet wird der tolle Nachmittag mit einen kühlen Glas Weißwein.

Beim Lesen haben Sie soeben alle Sinneseindrücke in Kombination angewandt. Der Schwerpunkt lag aber bei jedem von ihnen auf einem anderen Sinn.

Sprechen Sie Ihr Unterbewusstsein so an, dass es Sie versteht.
Beobachten Sie sich ein bisschen im Umgang mit Ihren Sinnen.
Suchen Sie ihren dominierenden Sinn, dann wissen Sie auch, wie die Befehle auszusehen haben.

Wenn Sie diesen gefunden haben, dann stellen Sie sich das gewünschte Zielgefühl mit Ihrem bevorzugten Sinn vor.

... denn unsere Gedanken steuern unsere Handlungen ...

Hinzu kommt, dass das Gehirn keinen Unterschied zwischen erdachten und tatsächlichen Erlebnissen machen kann.
Diesen Mechanismus sollten wir uns zu Nutze machen, indem wir uns unsere Gefühle lebhaft vor Augen führen.
Wenn Sie dies tun, ist es wie eine Art Generalprobe für unseren Kopf und wir trauen uns mehr zu.
Wenn wir bereit sind, die Aufmerksamkeit zu verändern, verändert sich auch unsere eigene Wirklichkeit. Lassen Sie

also das Ziel Realität werden und stellen Sie sich das damit verbundene Gefühl mit Ihren individuellen Sinnen vor.

Ihr Ziel-Plan:

Oberste Priorität ist, dass Sie die aufgeschriebenen Ziele in die Realität umsetzen.

Behalten Sie im Hinterkopf: Jede Information (positiv oder negativ) vermischt sich mit einer Emotion und kann das Unterbewusstsein beeinflussen. Geben Sie also dem Unterbewusstsein die Information, die Sie ihm geben wollen. Stellen Sie sich vor, das Ziel verwirklicht sich. Wichtig sind Wiederholungen, denn wie Sie wissen, stellen sich bereits nach sechs Wiederholungen Merkeffekte ein. Lesen Sie sich deshalb immer wieder Ihre Ziele laut vor, bis Ihr Unterbewusstsein es gelernt hat.

Am Rande eine Bemerkung: Falls Sie sich auf den vorangegangenen Seiten die Frage gestellt haben, warum ich zum wiederholten Male die Themen zusammengefasst habe, kennen Sie nun die Antwort … Ob es vielleicht insgesamt sechs Zusammenfassungen waren?!

Beginnen Sie jetzt und füllen Sie die Tabelle aus.

Als Hilfestellung können Sie auf die folgenden Fragen zurückgreifen:

- Wo soll meine persönliche Reise hingehen?

- In welchen Bereichen möchte ich mich verändern?

- Was würde ich lieber fühlen?

- Spüren, hören, riechen oder sehen Sie dieses Gefühl, es ist genau das, was Ihr Unterbewusstsein lernen soll.

Krisenname	Ziel	Bis wann

Haben Sie alle Ziele aufgeschrieben? Fiel es Ihnen schwer oder leicht? Was sagt Ihr Unterbewusstsein?

Ein Tipp: Schauen Sie auf Seite 39 ff. nach. Dort haben Sie ja bereits eine Projektion für Ihren gewünschten Gefühlszustand durchgeführt ☺

Meine Notizen:

_____

_____

_____

_____

_____

_____

Eine Anregung zum Schluss: Lassen Sie Ihre Ziele niemals aus den Augen. Setzen Sie einen 100-prozentigen Fokus auf die Ziele, nein, einen 500-prozentigen. Versetzen Sie Ihr Gehirn in eine gewisse Besessenheit von den Zielen. Ein lieber Kollege sagt immer: „Um deine Ziele zu erreichen, musst du besessen von deinen Zielen sein." Er hat vollkommen recht damit.

Hängen Sie sich im Bad, im Wohnzimmer, in der ganzen Wohnung Post-its auf, die Sie immer wieder an die Ziele erinnern.

AUF DEN ZWEITEN BLICK – NICHTS IST, WIE ES SCHEINT

Wenn ich mich selbst reflektiere, muss ich zugeben, dass auch ich Ausreden, Einwände und Erklärungen hatte, um Veränderungen in meinem Handeln zu umgehen. Kein Wunder, denn …

*… **Menschen messen dem Vermeiden von Schmerz intuitiv eine höhere Priorität bei als dem Zugewinn von Freude …***

Hinzu kommt, dass es bequemer und sicherer ist, zu verharren.

Auf den ersten Blick klingt das logisch und plausibel. Auf den zweiten Blick laufen Sie mit dem verharrenden Verhalten Gefahr, auf Kosten Ihrer Lebensqualität zu leben.

Es wird der Zeitpunkt kommen, an dem Sie auf Ihr Leben zurückblicken. Ist es nicht besser zu sagen, dass Sie versucht haben, Krisen zu meistern, und an der einen oder anderen Stelle sogar Ängste überwunden und Ziele erreicht haben? Oder ist es besser, rückblickend zu bereuen, dass Sie es noch nicht einmal versucht haben?

Die Antwort ist klar!

Leichter gesagt als getan.

Ich werde immer wieder damit konfrontiert, dass Klienten oder auch Studierende, die ich an diversen Standorten betreue, sagen, dass es Dinge gibt, die man nicht verändern kann. Hierzu zählt beispielsweise die Tatsache, dass das Homeoffice abgeschafft wird, der Arzt die Diagnose Long-Covid ausstellt oder Sie durch die Wirtschaftskrise Ihr Unternehmen schließen müssen.

Denn ... Veränderung ist nicht gleich Veränderung!

Teilweise ist die Sache an sich nicht veränderbar. Wir sprechen in der Psychologie in diesem Zusammenhang von *unveränderbaren Welten*. Wie der Frosch nicht die Herdplatte herunterdrehen oder den Topf vom Herd nehmen kann, gibt es immer wieder Dinge, die nicht in Ihrer Macht liegen. Die Diagnose vom Arzt ist nun mal da, genauso der Klimawandel, der Krieg, Corona oder die Wirtschaftskrise. Diese Dinge können wir im Kern und als Tatsache nicht ändern und in den seltensten Fällen auch nicht kontrollieren. Sie können in diesem Fall Ihre Meinung abgeben, müssen aber gleichzeitig der Realität ins Auge sehen und die Sache akzeptieren.

Insbesondere dann, wenn es um Herausforderungen geht, bei denen das Schicksal es nicht gut mit uns meint, begehen die meisten Menschen einen erheblichen Stellenwert-Fehler: Sie attribuieren external. Damit ist gemeint, dass sie (meist unbewusst) nach einem Schuldigen suchen, dem sie ihr Verhalten, ihre unangenehmen Gefühlszustände, all die entstandene Negativität sprichwörtlich in die Schuhe schieben können. Es wird eine Antwort auf die Frage „*WA-RUM?*" gesucht.

Das klingt dann beispielsweise wie folgt: „Der Grund dafür, *warum* ich tue, was ich tue, ist die Wirtschaftskrise oder/und die finanziellen Auswirkungen."

„Der Grund dafür, *warum* ich mich fühle, wie ich mich fühle, ist Corona."

Vielleicht haben Sie andere Personen und sich bei der einen oder anderen Attribution bereits wiedererkannt. Das ist menschlich und ganz normal.

Ich kenne niemanden, der nicht schon einmal ein Verhalten oder ein Gefühl auf eine Sache geschoben hat. Ich nehme mich nicht außen vor.

Das ist auch kein Wunder, denn Schuldzuweisungen auszusprechen, erhält in einem gewissen Maße unser Stabilitätsgefühl. Schuldzuweisungen helfen dabei, Ängste und Sorgen zu bewältigen und das Selbstwertgefühl aufrechtzuerhalten.

Machen Sie sich bewusst, dass das eigentliche Problem nicht die Krise selbst ist. ***Die Gefühle kommen nicht von der Krise oder den damit zusammenhängenden Rahmenbedingungen. Sie kommen von der Bedeutung, die Sie der Krise zuschreiben!***

Sie brauchen keinen Grund, um sich gut oder schlecht zu fühlen.

Ich fordere Sie an dieser Stelle auf, damit aufzuhören, Ihre Gefühle der Situation zuzuschreiben, und erlaube Ihnen nicht weiter, dass die Krise die Macht und Kontrolle über Ihr Leben übernimmt.

Da dies manchmal leichter gesagt als getan ist, erhalten Sie nun einen weiteren Tipp:

Greifen Sie aktiv in Ihre Denk- und Verhaltensprozesse ein. Anstatt sich selbst mit demselben „Kopf-Kino" und Selbstmitleid kaputt zu machen, wechseln Sie die Perspektive. ***Betrachten Sie das Problem als einen einfachen Fakt, den Sie bewältigen und aus dem Sie lernen können. Das ist der einzige Weg, um die Kontrolle zurückzugewinnen.***

Wenn Sie das machen, werden Sie feststellen, dass es nicht so ist, wie es zu sein scheint. Denn die Situation wirkt anders auf Ihren Zustand und ruft ganz andere Stimmungen hervor.

Wenn wir gleich die Übung starten, seien Sie offen und lassen Sie sich von den unterschiedlichen Perspektiven überraschen. Blicken Sie nicht weiter auf die unveränderbare Welt.

Denken Sie über Ihre Situation nach. Stellen Sie sich die Fragen: Wenn ich meinen Blickwinkel ändere, ändert sich dann auch die Situation? Zerlegen Sie die Situation als Gesamtpaket in kleine Aufgaben und suchen Sie nach den positiven Seiten. Stellen Sie sich neben sich und betrachten Sie die Situation aus diesem Blickwinkel. Gibt es Komponenten, die Sie bislang (über-)sehen haben? Lernen Sie das zu sehen, was Sie nicht sehen.

Eine kleine Hilfestellung anhand eines banalen Beispiels aus den Seiten zuvor: Wir erinnern uns nur an den einen Kunden, der uns unfreundlich behandelt hat, und nicht an die anderen Kunden, die freundlich zu uns waren.

Sollte es Ihnen immer noch schwerfallen, dann lassen Sie die Geschehnisse rückwärts ablaufen. Verändern Sie so lange die Perspektive, bis Sie zufrieden mit dem Ergebnis sind. Und denken Sie an Folgendes: Der Blickwinkel aktiviert und beeinflusst unsere Gedanken, den Gefühlszustand und unser Verhalten in Krisensituationen.

Ihr Perspektiv-Plan:

Beginnen Sie jetzt und füllen Sie die Tabelle aus.

Sichtweise auf die Krise	Krisenname(n)	Antwort
Wie ist meine aktuelle Perspektive? Positiv oder negativ?		
Wie kann ich meine Perspektive so wechseln, dass die Situation keine Barriere, sondern eine Chance, eine Herausforderung ist?		

Was kann ich tun, damit die neue Perspektive noch positiver wird?		

Meine Notizen:

_____

_____

_____

_____

_____

_____

HÖR AUF, ES NICHT ZU VERSUCHEN!

Sie haben nun Ihren gewünschten Zielzustand definiert und die Perspektive auf die Situation geändert.

Alles, was Sie sich aufgeschrieben haben, ist wertlos, wenn Sie sich nicht entscheiden, zu agieren und das Gelernte umzusetzen ... denn wie wir alle wissen, ist Papier geduldig. Auch wird es keinen „Türrahmeneffekt" geben.

Was genau ist der Türrahmeneffekt? Das ist ein Effekt, den wir alle kennen und eigentlich nicht unbedingt im Alltag brauchen, aber den wir uns in Krisensituationen wünschen. Die Rede ist von einem neurologisch-psychologischen Phänomen, einer Mini-Amnesie, bei der wir etwas vergessen, also nicht mehr wissen, was wir eigentlich tun wollten. Dieses Phänomen hat tatsächlich etwas mit dem Türrahmen zu tun, denn unser Gehirn löscht manchmal Erinnerungen, wenn wir eine Türschwelle überschreiten.

Leider wird dieser Effekt nicht auftreten. Wir werden nicht durch den Türrahmen treten und unsere Krise ist vergessen.

Und reden Sie sich nicht ein, dass Sie mangelnde Fähigkeiten zur Handlungsveränderung besitzen.

Es tut mir leid, es sagen zu müssen, aber in diesem Fall „schieben" Sie eine Ausrede vor. Es ist ein weit verbreiteter

Irrglaube, zu denken, dass Talent bei Veränderungen das A und O sei.

Bei mangelndem Veränderungswillen stehen in erster Linie die Angst vor Unsicherheit und gemischte Gefühle im Vordergrund – nicht die mangelnde Fähigkeit. Jeder besitzt die Fähigkeit, Dinge im Leben zu verändern!

Die erforderliche Motivation, also die Gründe, warum Sie die Veränderungen erreichen wollen, ist ein wesentlicher Faktor.

Wenn wir Ziele emotional aufladen, setzen wir unserem Gehirn einen weiteren Impuls, durch den wir die Ziele leichter erreichen können.

In meinen besagten (Körpersprachen-)Coachings lasse ich die angestrebten Zielzustände mit einem emotionalen „WOZU" verknüpfen.

Der Hintergrund ist der sogenannte *„Eigen- und Umgebungseffekt"* mit einer Spiegelfunktion: Wenn negative Gefühlszustände in positive verändert werden, hat dies einen Einfluss auf unsere verbale und nonverbale Kommunikation mit anderen und somit Auswirkungen auf unsere Lebensqualität.

Ein Beispiel: Wir sehen eine Person, kommunizieren mit ihr und richten dabei fast unsere gesamte Aufmerksamkeit auf das, was diese Person sagt. Die nonverbale Kommunikation beachten wir in erster Linie nicht, erhalten aber trotzdem während bzw. nach dem Gespräch ein gewisses Gefühl und bewerten diese Person.

Die überbrachte Mitteilung wird durch Reize wie Körpersprache, Gerüche, Tonfall, Gemütsverfassung, Worte etc. von uns aufgenommen und unbewusst gedeutet. Das Gegenüber, das ebenfalls wahrnimmt und unbewusst deutet, schickt dann die passende Antwort über die gleichen verbalen und nonverbalen Wege zurück.

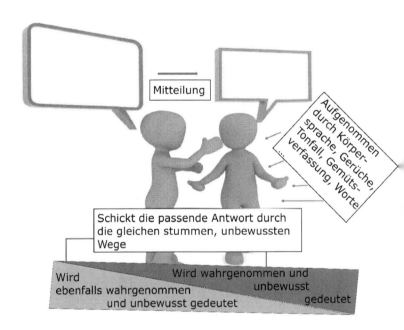

Was wird also passieren, wenn Sie mit Ihrem Partner gut gelaunt sprechen? Was wird passieren, wenn Sie Menschen, die Ihnen emotional am Herzen liegen, mit Freude begegnen?

Diese Person wird diese Signale wahrnehmen, deuten und Ihnen die passende Antwort zurücksenden. Das Unterbewusstsein hat keinerlei Grund, Ihnen feindliche Signale zurückzusenden.

Und seien wir ehrlich, ist es nicht schöner in und mit einem harmonischen Umfeld zu leben als in einem disharmonischen?

Eine schöne Seite des Lebens besteht darin, anderen etwas zu geben. Genau dies sollte ein Grund sein, eine Motivation, warum das Erreichen des Zielzustandes so wichtig ist. Verändern Sie Ihre Kommunikation und Ihr Verhalten, stellen Sie eine optimale Ausgangsbasis für einen positiven Sender-Empfänger-Fluss bereit.

Es scheint, als würde in dem Satz „Wie man etwas in den Wald hineinruft, so kommt es auch zurück" ein Funken Wahrheit stecken.

Gehen wir beim Thema Motivation noch einen Schritt weiter:

Haben Sie schon einmal darüber nachgedacht, wann Sie bereit sind, etwas zu verändern?

Immer dann, wenn Druck ausgeübt wird und/oder eine gewisse Grenze erreicht ist.

Wir machen eine Diät, wenn wir uns selbst im Spiegel nicht mehr ertragen können. Viele lösen sich erst von einer toxischen Beziehung, wenn das „Maß" voll ist. Andere können sich erst zum Sport motivieren, wenn der Arzt eine schlimme Diagnose prophezeit.

Machen Sie deshalb aus dem Veränderungswillen KÖNNTE ein MUSS!

Beginnen Sie jetzt und kratzen bzw. schaufeln Sie sich den weiteren Weg für Ihr erfülltes Erleben frei.

Zur leichteren Umsetzung stelle ich Ihnen im Folgenden Ansätze mit Techniken für den Veränderungswillen bereit.

Wenn Sie die Übungen und Tipps ernst nehmen, wird sich nicht nur Ihre Lebensqualität verbessern. Sie werden auch merken, wie simpel es ist, die Veränderungsresistenz auszutricksen.

Auswirkung der Krise	Krisenname	Antwort
Hat die Veränderung Auswirkungen auf mein Umfeld?		
Wie würde eine Veränderung Person XY sehen? (meine Familie, Freunde etc.)		

Notieren Sie sich nun drei bis fünf Motivatoren. Das sind diejenigen Gründe, warum das Erreichen dieses Ziels so wichtig ist.

Denken Sie dabei an den beschriebenen „Eigen- und Umgebungseffekt" mit einer Spiegelfunktion (vgl. Seite 129).

Krisenname(n)	Motivationsgründe

Analyse des Drucks

In manchen Situationen muss als Motivation ein gewisser Druck ausgeübt werden, um eine Veränderung anzutreiben.

Mit der nachstehenden Tabelle können Sie analysieren, welcher Typ Sie sind, und entsprechend handeln.

Stellen Sie sich die Frage:

- Wie werde ich mich fühlen, wenn ich die Sache X ändern würde?

Typ 1 – positiv	Typ 2 – negativ
Sie werden durch positive Emotionen motiviert! (z.B. durch den Gedanken an einen möglichen Erfolg)	Sie werden durch negative Emotionen motiviert! (z.B. durch den Gedanken an einen möglichen Misserfolg, die Verstärkung der Angst)
1.) Ich möchte mein Verhalten ändern und mich fröhlich und gelassen fühlen. Beispiel: Homeoffice-Entwöhnung: Ich nehme die Herausforderung an, jeden Tag ins Büro zu gehen. Dadurch kann ich neue positive Gefühle erleben.	1.) Bevor ich mich immer frustrierter, einsamer und ängstlicher fühle, ändere ich mein Verhalten. Beispiel: Homeoffice-Entwöhnung: Ich nehme die Herausforderung an, jeden Tag ins Büro zu gehen, da ich sonst kein Geld verdiene und meine Familie nicht mehr ernähren kann.
Der Zugewinn von Freude hat eine höhere Priorität als der Schmerz.	**Vermeiden von Schmerz hat eine höhere Priorität als der Zugewinn von Freude.**

Je nachdem ob Sie von positiven oder negativen Emotionen angetrieben werden, können Sie in die eine oder andere Richtung Druck für eine Verhaltensänderung aufbauen.

Dabei können Sie mit Ihrem Gehirn spielen und einen Trick anwenden:

Nachdem Sie bereits wissen, dass unser Gehirn keinen Unterschied zwischen erdachten und tatsächlichen Erlebnissen machen kann, stellen Sie sich die entsprechenden Gefühle vor. (Sie wissen auch bereits, welchen Sinn Sie bevorzugen.)

Sollten Sie negativ angetrieben werden:

- Erhöhen Sie die eigene Negativität.
- Stellen Sie sich beispielsweise die Frage, wie frustriert Sie auf einer Skala von 0 bis 10 sind.
- Malen Sie sich das Szenario Ihrer frustrierten Zukunft, die eintritt, wenn Sie so weitermachen wie bisher, immer stärker aus. Je frustrierter Sie sind, desto besser, denn dann handeln Sie. (Ich nenne das übrigens immer die „Strategie des Schweinehunds".)

Sollten Sie positiv angetrieben sein:

- Stellen Sie sich in voller Gänze vor, welche Vorteile die Veränderung für Ihr Umfeld und Sie mit sich bringt (die Antwort haben Sie sich bereits auf Seite 133 überlegt).

Meine Notizen:

_____

_____

_____

_____

_____

_____

WEGE ZUM NEUEN MORGEN

Ich weiß weder, in welcher Krise Sie stecken, noch, wie sehr sie andere und Sie belastet. Ich weiß auch nicht, wie Sie aktuell mit ihr umgehen.

Was ich aber weiß, ist, dass Sie bis zu diesen Seiten sehr viel geleistet haben.

Ich werde jedem Einzelnen von Ihnen garantieren, dass es nachstehend mindestens eine Technik gibt, die Ihr Reboarding ins Leben vervollständigen kann.[12]

Arbeiten Sie Schritt für Schritt die Techniken durch und probieren Sie aus, was wann wie bei Ihnen wirkt.

Gestalten Sie Ihren eigenen Zeitplan. Ich habe Ihnen auch Beispiele für Zeitpläne mit angeführt.

Es muss der Effekt stattfinden, bei dem Sie ein schlechtes Gewissen haben, wenn Sie Ihr Ziel aus den Augen verlieren.

Und wenn Sie für die Übungen und Techniken in diesem Buch einen Tag oder eine Woche keine Zeit finden, dann ist das kein Beinbruch. Machen Sie sich keinen Stress – Veränderung beginnt schon mit kleinen Schritten.

---

[12] Auch enthalten sind Techniken bzw. Übungen, die ich in meinem Buch „Gift im Kopf – Wege durch die Pandemie" bereits angeführt und zu denen ich durchaus positive Resonanz erhalten habe.

Das Gras wächst auch nicht schneller, wenn man daran zieht!

Wichtig ist der Blick nach vorne, bei dem Sie das alte Heute verlassen und Wege zum neuen Morgen bestreiten und niemals aufgeben.

Diese acht Schritte zeigen Ihnen die Wege ...

Die Punkte 1 bis 5 sind eine Zusammenfassung der Inhalte, die Sie bereits in diesem Buch erarbeitet haben. Sie dienen als Gedächtnisstütze und Checkliste für künftige Situationen.

1. Bestandsaufnahme/Introspektion

Im allerersten Schritt ist es wichtig, sich zu beobachten und in sich zu „horchen".

- Definieren Sie Ihre Situation, geben Sie Ihr einen Namen.
- Definieren Sie Ihre Gefühle. Sind Sie einsam, ängstlich, frustriert etc.?

Akzeptieren Sie die Situation und Gefühle, verleugnen Sie sie nicht.

2. Ziel/zukünftige Gefühle

Fragen Sie, wo Ihre Reise hingehen soll, wie Sie sich in welchem Bereich verändern möchten und künftig lieber fühlen möchten.

Beachten Sie auch, dass Ihr Umfeld von Ihrer Veränderung profitieren könnte.

Spüren und fühlen Sie Ihr Ziel, das ist genau das, was Ihr Unterbewusstsein lernen soll.

3. Ändern Sie die Sichtweise

Hinterfragen Sie Ihre aktuelle Sicht:

- Wie ist meine aktuelle Perspektive? Positiv oder negativ?
- Wie kann ich meine Perspektive so wechseln, dass die Situation keine Barriere, sondern eine Chance, eine Herausforderung ist?
- Was kann ich tun, damit die neue Perspektive noch positiver wird?

Sie brauchen keinen Grund, um sich gut oder schlecht zu fühlen!

Unterbrechen Sie Denkweisen wie:

* Nur weil die Situation XY da ist, fühle ich mich ...

Machen Sie sich bewusst, dass es nicht an XY liegt, wie Sie sich fühlen!
Hören Sie auf, Ihre Gefühle der Situation zuzuschreiben.

Was wäre wenn und hätte gibt es nicht!
Streichen Sie Sätze wie:

* „Was wäre, wenn ich weniger/mehr ...?"
* „Hätte ich doch besser ..."

---

4. Frühere Strategien

Gefühle zu steuern, ist kein Neuland! Wir alle kennen Situationen, die uns in negative Stimmungen versetzt haben.

Erinnern Sie sich an eine Situation, in der Sie ähnliche Gefühle wie jetzt verspürt haben, und fragen Sie sich, welche Strategie(n) Sie damals angewandt haben, um aus dem Stimmungstief herauszukommen.

5. Motivation – Analyse des Drucks

Zu wissen, welcher Motivationstyp Sie sind, kann die Handlungsveränderung erleichtern.

Je nach Typ können Sie dieses Wissen gezielt für den Antrieb der Verhaltensänderung nutzen und in die eine oder andere Richtung Druck aufbauen.

Welcher Typ sind Sie?

Sind Sie derjenige, für den der Zugewinn von Freude eine höhere Priorität hat als der Schmerz und der somit durch positive Emotionen motiviert wird (z.B. durch den Gedanken an einen möglichen Erfolg)? Oder sind Sie der Typ, der den Fokus auf die Vermeidung von Schmerz legt anstatt auf den Zugewinn von Freude und der dadurch von negativen Emotionen motiviert wird (z.B. durch den Gedanken an einen möglichen Misserfolg, die Verstärkung der Angst)?

Integrieren Sie die Schwerpunkte:

Typ 1 – positiv	Typ 2 – negativ
Nutzen Sie Ihrer Sinne in voller Gänze und malen Sie sich aus, welche Vorteile die Veränderung für Sie und Ihr Umfeld mit sich bringt.	Wenden Sie die Strategie des „Schweinehunds" an und erhöhen Sie die eigene Negativität, indem Sie sich das Szenario Ihrer frustrierten Zukunft – die eintritt, wenn Sie so weitermachen wie bisher – immer stärker ausmalen.

NEUE TECHNIKEN:

Jegliche Verträge, die wir mit anderen Personen schließen, verfolgen das Ziel, dass wir die fixierten Inhalte erfüllen. Wir verpflichten uns in einer gewissen Art und Weise anderen gegenüber. Warum verpflichten wir uns nicht einmal uns gegenüber?

Damit meine ich keinen mündlichen „Gedankenvertrag". Ich meine damit einen schriftlich fixierten Vertrag, in den Sie alle Erwartungen (wie End-/Zwischenziele) auflisten, die Sie an sich selbst stellen.

Damit geben Sie Ihrem Gehirn zugleich einen neuen und alten, gelernten Impuls. Neu sind die Inhalte des Vertrags, alt ist die Tatsache, dass ihr Gehirn nach dem Referenzmuster „Vertrag" sucht und diesen etwa in „man muss einen Vertag erfüllen und ernst nehmen" einordnet und entsprechend interpretiert.

Das könnte wie folgt aussehen:

Diesen Vertrag halten Sie griffbereit und sehen Sie sich immer dann an, wenn Sie in alte Denk-, Gefühls- und Verhaltensmuster fallen sollten.

7. Positiven Blickwinkel fördern durch die Entdeckerreise

Legen Sie beispielsweise jeden Tag oder jede Woche eine Übung fest, die Sie ausprobieren und trainieren möchten.

Sie können dies auch wieder in einem Vertrag mit sich selbst festlegen und jeden Abend die Durchführung und Effekte notieren. Viele Klienten und ich haben sich z.B. ein Heft für zehn Wochen angelegt. Hintergrund des Notierens ist zum einen, dass sich das ganze Vorgehen wie ein Ritual „einbrennt", zum anderen lernen Sie durch den bewussten Umgang mit der Übung verschiedene Blickwinkel kennen und können dadurch mögliche negative Glaubenssätze auflösen.

Integrieren Sie die gewünschten positiven Gefühle, das fördert den positiven Blickwinkel.

Thema	Beispiel(e)
Positives Denken/ Dankbarkeit	Denken Sie abends über den Tag nach. Anstatt sich an Dinge zu erinnern, die an diesem Tag schlecht gelaufen sind (wie

etwa an denjenigen, der Ihnen die Vorfahrt genommen hat), suchen Sie nach drei guten Dingen und schreiben diese auf. Das können Dinge sein, die Spaß bereitet haben, für die Sie dankbar sind, ein Moment, der Ihnen ein Lächeln ins Gesicht gezaubert hat, usw.

- Wenn Sie diese Übung beispielsweise jeden Tag durchführen, werden Sie merken, dass sich Ihr Gemützustand bereits nach einer Woche erheblich verbessert.

Verpflichtende Pausen	Die Schlange an der Kasse, die Wartezeit in einem Café, das Wartezimmer beim Arzt usw. In all diesen Situationen sind wir gezwungen zu warten. Nutzen Sie diese Zeit um den „Eigen- und Umgebungseffekt" mit Spiegelfunktion zu üben (vgl. Seite 129). Achten Sie beispielsweise darauf, wie andere Menschen bei der Kommunikation Ihre Körpersprache gegenseitig einsetzen und gegenseitig spiegeln.

	Probieren Sie beispielsweise in der Schlange auch einmal Folgendes aus: Drehen Sie sich zu Ihrem Hintermann, lächeln Sie und sagen Sie Hallo. Sie werden erstaunt sein, wie schnell die Spiegelfunktion eintreten wird.
Gute-Laune-Experiment	Diese Übung wird Ihnen zeigen, dass Sie derjenige sind, der in der Lage ist, den Gefühlszustand von jetzt auf gleich zu verändern. Auch ist diese Übung gut, um sich klar zu werden, dass nicht die Krise der Grund für Ihren Gefühlszustand ist. Stellen Sie sich vor einen Spiegel. Machen Sie bitte Folgendes: 1. Entspannen Sie die Augenbrauenmuskeln – halten Sie sie ganz locker. 2. Ziehen Sie die Mundwinkel nach oben. 3. Versuchen Sie, die Lachfältchen in den Augenwinkeln auszulösen. 4. Ziehen Sie die Stirn nach oben und sehen Sie sich richtig fröhlich an.

Verweilen Sie ca. zehn Sekunden lang so.

Haben Sie gemerkt, dass Sie tatsächlich fröhlich geworden sind?

Folgendes passiert:

Unsere Gesichtsmuskelbewegungen geben dem Gehirn das Signal: **Umschalten, gute Laune sofort – bitte!**

So, und dann stellen Sie sich anschließend die Frage:

Wo war der Grund oder Auslöser?

Welchen Grund gab es, dass Sie sich fröhlich fühlen?

Es gab keinen!

Sind Sätze wie „Nur wegen der Krise XY fühle ich mich ..." nicht absolut hinfällig?

Ja! Denn Sie haben es in der Hand!

Selbstliebe	Viel zu oft vergessen wir, uns selbst zu lieben und wertzuschätzen. Suchen Sie täglich nach drei Dingen, die Sie sonst

	für selbstverständlich erachten. Z.B. haben Sie jemandem bei etwas geholfen, waren besonders produktiv bei der Arbeit oder haben etwas besonders gut gemacht. Diese Übung fördert nicht nur die Veränderung des Blickwinkels, sie fördert auch das Selbstwertgefühl.
Lächeln	Jede Minute, die man lächelt, entspricht 60 Sekunden Fröhlichkeit. Stellen Sie sich jeden Tag eine Minute vor den Spiegel und lächeln Sie sich selbst an. Was daraus resultiert, haben Sie im Gute-Laune-Experiment selbst erfahren. Sie können nach Belieben die Zeit erhöhen.
Umformulierung der Wortwahl	Seinen Sie achtsam bei dem, was Sie sagen. Denken Sie an die unbewusst gewohnten Sätze wie „Mir geht es nicht schlecht". Formulieren Sie sie um in: „Mir geht es gut". Achten Sie auf Wörter wie „kann nicht", „würde nicht", „sollte nicht" usw.

	Je mehr Negativität in den Wortschatz integriert ist, desto stärker ist die Manifestation im Unterbewusstsein und somit die Übertragung auf den Gefühlszustand. Noch ein Tipp: Wörter wie „machen", „tun", „ich", „wie", „damit" sind Wörter, die man schnell und einfach einsetzen kann. • Zusätzlich hat diese Übung einen positiven Einfluss auf den „Eigen- und Umgebungseffekt" mit Spiegelfunktion. Denn wie Sie wissen, greift dieser auch bei der verbalen Kommunikation.
Anker	Suchen Sie nach einem Anker, welcher das positive Gefühl hervorrufen soll, und geben Sie den Befehl „Positive Gefühle hervorrufen!". Damit der Anker effektiv wirkt, bedienen Sie sich Ihres bevorzugten Sinns/Ihrer bevorzugten Sinne:

Beim Schmecken könnte das ein Kau-
gummi, Bonbon, Kaffee, Tee, eine Limo,
Süßigkeit, spezielle Gewürze … sein.

Beim Hören könnte man Musik, Meeres-
rauschen, eine bestimmte Stimme oder
Telefonieren als Anker verwenden.
Fotos, spezielle Dekoration, Landschaften, Seen, Berge oder Filmausschnitte
kommen häufig als Anker beim bevorzugten Sinn Sehen zum Einsatz. (Hier
gilt auch der Grundsatz der Vorstellungskraft, da das Gehirn zwischen Er-
dachtem und Realem nicht unterscheiden kann.)

Puzzeln, Gärtnern, spezielle Gegen-
stände wie ein Stofftier, Talisman, Klei-
dungsstück, Kugelschreiber, eine
Blume … könnten Menschen, die ge-
fühlsbetont sind, als Anker nutzen.

Beim Riechen greifen viele auf einen
Aroma-Stick, Duftkerzen, Parfüm,

Handcreme, Luft im Freien, Raumspray ... zurück.

Beispiel:

Sie haben ein spezielles Lied gefunden, das Sie mit positiven Erinnerungen verbinden. Es zaubert Ihnen nicht nur ein Lächeln ins Gesicht, sondern gibt Ihnen auch das Gefühl, dass Sie in diesem Moment alles erreichen können.

Jedes Mal, wenn Sie in das Muster der Demotivation und Antriebslosigkeit verfallen, greifen Sie nach diesem Anker. Indem Sie dieses Lied hören, geben Sie Ihrem Unterbewusstsein den Befehl: „Gute Laune! Vergiss alles, was um dich geschieht!".

Es hilft auch dabei, wiederkehrende alte Gefühls- und Verhaltensmuster „auszutricksen".

Schlechte Gewohnheiten	Wie war das noch mit den Gewohnheiten? Unser Gehirn sucht nach altbewährten Routinemustern und wir führen

das Gelernte einfach aus. Fraglich ist, ob uns alle Gewohnheiten guttun.

Machen Sie sich auf die Suche nach schlechten Gewohnheiten. Das kann das Handytippen beim Essen, das Fingernägelkauen oder der tägliche Alkoholkonsum sein.

Wenn Sie diese Gewohnheiten identifiziert haben, stellen Sie sich die Frage, „WARUM" und in welchen Situationen Sie das tun. Würden Sie die Angewohnheit gerne verändern?

Je nachdem ob Sie etwas ändern wollen, wissen Sie durch die vielen Tipps aus diesem Buch, wie Sie die Sache angehen.

Gute Gewohnheiten

Suchen Sie ebenso nach Gewohnheiten, die Sie vor der Situation praktiziert haben und die Ihnen gutgetan haben. Gibt es eine Möglichkeit, diese wiederaufzunehmen? Wenn ja, nehmen Sie die Gewohnheit wieder auf, und wenn es „nur" die tägliche Gesichtsmaske ist, mit der

	Sie zehn Minuten entspannen, oder das Lied, das Sie so gerne hören … Alles, was Ihnen guttut, gibt Stabilität und Halt. Und vor allem stärkt es Sie!
Etwas Verrücktes tun	Damals als wir Kinder waren, hatten wir vor kaum einer Sache Angst. Vor allem haben wir als Kinder immer wieder experimentiert und einfach ausprobiert. Warum nicht noch einmal Kind sein und etwas Verrücktes tun?

Dies könnte folgendermaßen aussehen:

- Probieren Sie als Rechtshänder mal, jeden Tag fünf bis sechs Sätze mit der linken Hand zu schreiben (und umgekehrt).
- Wie wäre es mit ein bisschen Chinesisch? Laden Sie sich eine App herunter und lernen z.B. jeden Tag zehn chinesische Vokabeln.
- Schon einmal portugiesisch, vietnamesisch, ungarisch oder ähnlich ge-

kocht? Nein? Dann wird es Zeit. Vielleicht ist das neue Lieblingsessen dabei?!

- Jeden Tag den gleichen Weg zur Arbeit? Warum nicht mal einen anderen nehmen und neue Landschaften erkunden?

- Schon mal eine Alpaka-Wanderung gemacht? Die Tiere sind nicht nur niedlich, sie erzeugen Glücksgefühle und beruhigen.

- Halten Sie beim nächsten Treffen mit Freunden einfach spontan eine Rede. Kleiner Tipp, damit spontane Reden – welcher Art auch immer – Struktur erhalten:

  Gehen Sie wie folgt vor:

  1. Historisch = was war?

  2. Gegenwart = was ist?

  3. Zukunft = was wird?

  4. Wer wird was bis wann machen (bei Motivationsreden)?

	Probieren Sie das eine oder andere einmal aus. Sie stimulieren Ihr Gehirn, werden kreativ und Sie haben vielleicht etwas gefunden, das Sie in und nach der Krise beflügelt.
Ordnung und Struktur	In Krisen passiert es leicht, dass unsere Kreativität und unser Ordnungsvermögen pausieren. Schnell herrscht Chaos am Arbeitsplatz oder in der Wohnung. Diese Übung soll dazu dienen, Ordnung und Strukturen zu schaffen, und gleichzeitig kreatives Denken fördern. Suchen Sie sich jeden Tag eine Schublade, einen Schrank, eine Ecke oder Ähnliches, welche/n Sie „auf Vordermann" bringen möchten. Haben Sie schon einmal eine platzsparende Falttechnik für Ihre Kleidung ausprobiert? Ich habe es vor kurzem, das macht Spaß, spart Platz und fördert die Kreativität. Betrachten Sie auch mal Ihre Deko von verschiedenen Winkeln. Sieht sie nicht an jedem Platz anders aus?

Bewusste Gedanken und Wertschätzung	In stressigen Phasen vergessen wir, Dinge wertzuschätzen. Suchen Sie bewusst nach drei Dingen, die sonst selbstverständlich sind, und wertschätzen diese, z.B. dass es ein Telefon gibt, mit dem Sie Ihre Freunde anrufen können, oder dass Ihre Familie und Sie gesund sind. Diese Übung hilft Ihnen dabei, die Aufmerksamkeit und den Blick auf die Realität zu schärfen. Vergessen Sie die Dinge im Leben nicht, die das Leben verschönern. Sie sind nicht selbstverständlich.
Schärfung der Sichtweise(n)	Diese Übung ist ein guter Partner, wenn es um Konfliktsituationen geht. Durch sie können Sie mehr Klarheit für sich und Ihre Gefühle, aber auch für die Situation und das Gegenüber erwerben. Führen Sie eine sog. Transaktionsanalyse durch, bei der Sie von Ihrer Sichtweise und der Sichtweise Ihres Gegenübers ausgehen und diese wie folgt analysieren:

Überlegen Sie sich zu der Situation Fragen, die sie sich stellen, wenn Sie über die Situation nachdenken. Erstellen Sie eine Tabelle mit einem Selbstbild und einem Fremdbild.

Beispiel:

Ihre beste Freundin ruft Sie an und sagt: „Du meldest dich nur bei mir, wenn du was willst, sonst muss man dir immer hinterherlaufen."

Fragen bezüglich der Situation:

- Wie war meine innere Haltung gegenüber meiner Freundin vor, während und nach dem Telefonat?
- Wie war die innere Haltung der Freundin vor, während und nach dem Telefonat?

Meine innere Haltung:		Ihre innere Haltung		
Ich:	Meine Freundin:	Ich:	Meine Freundin:	
+	+	-	+	Vor dem Telefonat
+	(+)/ -	-	+	Während des Telefonats
+	-	-	+	Nach dem Telefonat

SOS-Ge-fühlsnotfall-Strategie	Sollten Sie die Gefühle einmal so weit einnehmen, dass Sie Angst oder gar Panik bekommen, dann lenken Sie die Gefühle mit dem Zitronentrick um. Da unser Gehirn sich nicht auf zwei Gefühle gleichzeitig konzentrieren kann, beißen Sie in eine Zitrone. Es wirkt und hilft!

8. Visualisierung/Belohnung

Ziele lassen sich einfacher verwirklichen, wenn Sie sie immer wieder präsent vor Augen haben.

Der einfachste Weg ist dabei, Ihre Ziele zu visualisieren.

Hierfür gibt es drei verschiedene Ansätze:

Visionboard	*Fotos*	Post-it
Zwischen-/Endziele werden visualisiert. Beispielsweise können Sie jedes Mal, wenn Sie ein Ziel erreicht	Hängen Sie Fotos von sich auf, auf denen Sie das gewünschte Gefühl erkennen.	Schreiben Sie sich Leitsätze auf, wie z.B.: • „Ich schaffe alles, was ich will."

haben, Klebepunkte setzen (z.B. für die im Wochenplan angegebenen Ziele).	Platzieren Sie sie so, dass diese präsent sind.	• „Es liegt in meiner Macht, die Gefühle zu bestimmen." Kleben Sie diese Zettel an den Spiegel, an die Wand etc.

Vergessen Sie nicht, sich zu reflektieren. Eventuell müssen Sie Veränderungen vornehmen. Manchmal genügt es auch schon, eine neue Technik zu suchen und auszuprobieren.

Auch Belohnungen sind bei jeglichen Verhaltensänderungen wichtig, denn sie wirken als zusätzliche Motivatoren.

Ich bin dann mal weg

Liebe Leserinnen,

liebe Leser,

wenn Sie dieser Teil unterhalten hat, Sie ein wenig Hintergrundwissen mitnehmen konnten, nur einen einzigen Aha-
Effekt erleben konnten oder nur eine einzige Übung oder
ein Tipp Ihnen Nutzen beschert hat, dann habe ich mein
Ziel erreicht.

Mein Motto: ***JEDE BEGEGNUNG IST GRATIS UND
MANCHMAL NICHT UMSONST!***

Ich bin dann mal weg und überlasse dem Hausmeister
Shanghai, Herrn Stefan Warnke, das Feld! Ich wünsche
Ihnen viel Spaß mit dem finanziellen Teil des **Reboarding
ins Leben**.

Herzlichst Ihre
Dr. Nadine Nowakowski

Stefan Warnke (Hausmeister Shanghai)

Reboarding
...ins Leben

Umgang mit Krisen. Strategien zum Aushalten von
Dauerkrisenszenarien - Resilienzstärkung - Denkhilfen

„Wenn ein Mensch behauptet, mit
Geld ließe sich alles erreichen, darf
man sicher sein, dass er nie welches
gehabt hat." (Aristoteles Onassis)

Entweder lebst du hier und hast dich bereits daran gewöhnt, oder du ziehst weg von hier und wolltest es so, oder du stirbst und hast ausgedient.

Daneben gibt es nichts.

Sei also frohen Mutes.

(Marcus Aurelius, Selbstbetrachtungen)

If life is Johnny Rotten, there's something you've forgotten

(Always look on the bright side of life – geschrieben von Eric Idle, falsch gehört und gesungen von mir)

Inhalt

Teil 2 – Hausmeister Shanghai – Stefan Warnke

Vorwort

VORWORT

Nun, warum schreibt man dann doch irgendwann alles auf? Vermächtnis (Legacy)?

Man(n) will, das etwas bleibt? Vielleicht.

Vielleicht oder sogar sehr wahrscheinlich, war es doch eher so, dass man mich gefragt hat und ich schlicht nicht geschafft habe, Nein zu sagen.

Ich habe also nicht aus eigenem Antrieb ein „tolles Buchprojekt" angeschoben, sondern war einfach nicht in der Lage, abzulehnen, denn ich hatte ja ohnehin nichts Besseres vor, und das, was ich in den letzten zwei Jahren angelesen und angehört hatte, über Finanzen, kognitive Dissonanzen, Gesundheit und Stress, schwarze Schwäne und FBI-Hostage-Situationen, Berkshire Anual Meetings und langsames und schnelles Denken, musste ja zwangsläufig verarbeitet, vermischt werden mit den eigenen Erfahrungen aus 30 Jahren grandiosem Scheitern und erfolgreichem Durchstarten und (nach Lothar Matthäus oder war es Bruno Labbadia?) herunter sterilisiert auf die Essenz eines selbstbestimmten Lebens ins größtmöglicher (finanzieller) Freiheit und Zufriedenheit, irgendwann wieder ans Licht der Öffentlichkeit zu kommen.

Und ganz ehrlich – die nächsten Reisen, Projekte, Vorträge und Investments werde ich wohl auch nicht ablehnen können.

Ich bin einfach zu neugierig und schaffe es nicht, Nein zu sagen.

Ich hoffe, ich bin ein bisschen wie Wild, als Shackleton ihn fragte, ob er wieder mit in die Antarktis kommt.

Er konnte auch nicht Nein sagen.

Denn Abenteuer geht immer vor – das ist meine Matrix.

FINANZIELLE GESUNDHEIT

Ich lebe im Prinzip das weiter, was meine Eltern mir vorgelebt haben. Alles in Maßen, nicht zu viel wollen, nicht alles auf einmal. Stück für Stück etwas aufbauen. Ob das Gewicht ist oder Bewegung, Investments oder Business, ist nicht wichtig.

Das heißt auch, ich habe keinen Stress.

Was ist Stress?

Stress ist, wenn man zu viel will, zu viele Dinge plant, sich zu viel vornimmt.

Wer hat gesagt, dass es funktionieren muss, wenn in einer Partnerschaft beide arbeiten beziehungsweise ihren Karrieren nachgehen? Es gibt nicht so etwas wie ein gesetzlich garantiertes Anrecht darauf, das alles, was man will, auch möglich ist.

Wir haben nur begrenzt Energie und Zeit.

Wenn dann ein befreundetes Pärchen versucht, zwei kleine Kinder zu erziehen plus ein großes Haus mit Grundstück zu erhalten, zwei Fulltime-Jobs und noch jeder Menge Hobbys nachgehen und Urlaubsreisen machen will, finde ich das bewundernswert, aber völlig verrückt und zu 100 % zum Scheitern verurteilt. Irgendetwas gibt hier nach. Vielleicht ja aus Klugheit der Stärkere, aber aus Erfahrung doch meistens das schwächste Glied in der Kette. Wir lassen uns da, glaube ich, zu viel aufbürden. Männer wie Frauen. Psychische Erkrankungen, somatische Erkrankungen, Burnout, Stress sind der Lebensalltag vieler, die zu viel wollen und die von sich und anderen zu viel erwarten.

Zwei Fehler. Erstens soll man nichts von anderen erwarten. Falsches Prinzip, da nicht beeinflussbar. Zweitens kann ich natürlich viel von mir erwarten, aber nur wenn ich es gewohnt bin, mich selbst und meine Denkweisen und Handlungen zu reflektieren und mich selbst nicht ganz so ernst und wichtig zu nehmen.

Die Schwere kommt von allein. Die bringen schon der Alltag, die Behörden, die Tankstellenpreise etc.

Machen Sie es sich leicht. So leicht wie möglich. Leben als Leiden zu verstehen, halte ich nicht für sinnvoll. Vielleicht noch im Zusammenhang mit Religiosität (siehe J. Franzen, *Crossroads*).

Im Ernst. Sie wollen Kinder erziehen, Karriere machen, reisen, Ihre dementen Eltern pflegen, Gemüse anbauen, Hühner halten, ein Vermögen aufbauen, eine Firma gründen, eine Band zum Erfolg führen (falls das aktiv überhaupt möglich ist), das Haus sauber halten, einkaufen, Sport machen, YouTube und Netflix sehen, Zeitunglesen, arbeiten usw. und das alles im Alter zwischen 30 und 60 Jahren? Sehen Sie selbst, dass das wahrscheinlich nicht funktionieren wird. Tage haben bekanntlich nur zwölf Stunden. Der

Rest ist wegen schlafen, essen, trinken, Geselligkeit, Hygiene, Sex, Kontemplation usw. schon verplant. Sollten Sie jetzt auch noch anfangen, den Rest in ihrem Terminkalender voll zu planen, bitte schön!

Das ist der direkte Weg in den Stress-Wahnsinn, das Dauer-aktiv-Sein. Ich habe Zahnarzttermine und Müllabfuhr im Kalender sowie Geburtstage von Freunden. Das reicht mir an Einschränkung. Noch mehr möchte ich meine Freiheit nicht einschränken lassen.

Meistens habe ich ein bis zwei Businesstermine pro Woche, die ich aber erst am Anfang der jeweiligen Woche kurzfristig vereinbare. Dabei muss ich sagen, dass meine Woche sieben Tage hat. Ich möchte meine Tätigkeiten nicht auf eine Montag bis Freitag-Routine festlegen, weil dadurch mein Zeitkorridor unnötig verkleinert würde und ich dann ja in die Stressfalle tappen würde (zu viel in zu kurzer Zeit).

Was kann man noch tun?

Das ist es ja gerade. Nichts. Aktiv nichts. Passivität, das Pendel zurückkommen lassen, die Gegenreaktion abwarten. Loslassen.

Und jetzt fangen Sie nicht an zu saufen, Zucker zu fressen oder andere Drogen zu nehmen. Das wird langfristig nichts verbessern, sondern Abhängigkeiten und mehr psychischen und körperlichen Stress schaffen. Dann kommen die Krankheiten und die sagen Ihnen dann nochmal mit Nachdruck: Es war zu viel, es muss weniger werden.

GESUNDE FINANZEN?

Wie bei der gesunden Ernährung ist auch bei Investments weniger mehr.

„Wie?", fragen Sie.

„Zwei Millionen sind doch besser als eine Million?!"

Das ist nicht so leicht zu beantworten, wie es auf den ersten Blick aussieht.

Ich habe einige vermögende Freunde – alle Self-Made-Unternehmer wie ich –, die immerzu klagen. Ich schätze, da schlägt der Self-Serving Bias, den Rolf Dobelli so schön beschreibt, voll durch. (Ich weiß, Rolf, nicht nur dieser Denkfehler, sondern außerdem auch noch andere – wie Fontane schon sagt: Ein weites Feld. Naja, jedenfalls wird auf hohem Niveau geklagt, aber Sie haben ja auch gesagt, Sie wollen lieber zwei anstatt einer Million.)

Das Ferienhaus muss dringend renoviert werden, im Appartement der Tochter in Berlin tropft der Wasserhahn und im eigenen Haus ist gerade die Heizung kaputtgegangen und nun sitzen einem also abwechselnd die Tochter, die Ehefrau und der Verwalter, der sich eigentlich kümmern sollte, was er aber natürlich nicht macht – er ist ja nicht blöde usw. – im Nacken bzw. nerven am Telefon.

Dazu kommt natürlich auch noch der ganz normale Wahnsinn, dem Immobilienbesitzer sich ständig ausgesetzt sehen: Handwerker, die mal da sind, mal nicht, immer nur

172

nörgeln bzw. schlechte Laune verbreiten und dann jede Schelle mit 49 Cent aufschreiben, obwohl die im Einkauf neun Cent kostet, plus nicht vorhandene oder völlig überteuerte Baustoffe – wie z.B. Dachlatten, die 2019 bei 80 Cent je laufendem Meter kosteten und 2022 auf einmal 2,50 Euro. Es ist also zum Verrücktwerden. Alle Dinge gehen kaputt und das macht den Unternehmer ja einfach fertig.

(Ich schreibe im Folgenden der Einfachheit halber in der männlichen Form. Kein Disrespect! Frauen sind nicht nur bessere Unternehmer, sondern ja auch bekanntermaßen bessere Menschen.)

Die Dinge entziehen sich einfach der Kontrolle. Gehen kaputt, obwohl davon vorher keine Rede war. Skandalös! Wie jeder erfolgreiche Unternehmer neigt man zu Mikromanagement.

Warum?

Weil man natürlich im Prinzip alles besser kann. Als alle! Das ist kein Scherz – das ist so (wie der Schweizer sagt). Deshalb muss man auch nach Berlin fahren, schnell mal eben den Wasserhahn im Appartement der Tochter reparieren (macht ja keiner, wie gesagt, jedenfalls kommt für so ein Pillepalle kein Handwerker angefahren). Außerdem will man sich das Gelächter ersparen – einfach zu demütigend, man ist Millionär, Unternehmer, erfolgreicher Aktieninvestor, Fahrer sauteurer und dauernd kaputter Oldtimer (siehe Kapitel „Böse Fehler Teil 3"), muss sich aber auslachen lassen, weil man den Wasserhahn offensichtlich nicht allein hinbekommt. So geht das jeden Tag. Die Frau ist sauer wegen der Heizung, ok, da kann er nichts machen, das sind die Probleme, wenn man globale Handelsketten mit Diktaturen in China oder anderswo eingeht – dann gibt es jetzt für eine ansonsten einwandfreie Vaillant-Therme keine Ausgleichsgefäße, jedenfalls nicht „just in time" (auch so ein selbstgemachtes Leiden, weil irgendein Ökonom beschlossen hat, das sei sinnvoll, weil effizient).

Aber mal ehrlich, werden Sie effizienter, wenn Sie eine Niere weggeben, weil Sie ja im Moment nur eine brauchen, oder ein Auge?

Also, ihre Frau ist sauer – natürlich auf Sie, weil sie ja schlecht auf globale, nicht funktionierende Warenströme sauer sein kann.

So, wir haben jetzt also zusammengefasst:

Ärger mit eigentlich allen Immobilien, denn irgendwas ist wirklich immer.

Ihre Firma läuft aber eigentlich gut, bis auf die Steuernachzahlungen – das hat man jetzt vom Erhöhen der Preise.

Dann ist natürlich Manni mal wieder krank und dadurch ist im Lager keiner mehr, weil Andreas in Elternzeit ist.

Arbeitet noch irgendjemand „jeden Tag"?

Ich setze das extra in Anführungszeichen, weil mir der Begriff so 1905-mäßig vorkommt.

Wirklich! Mitarbeiter wollen Sabbatmonate oder Jahre. Sie wollen jederzeit auch mal krank sein, Elternzeit, früher gehen wg. Zahnarzt, Handwerker (hatten wir schon), Sport, Physio, Psycho, whatever.

Dann natürlich Urlaub: Das ist ja absolut das Wichtigste für den angestellten Arbeiter. Wann habe ich Urlaub? Wann komm ich billig aufs grinsende (ich finde ja greinende) Schiff oder mit Ryanair irgendwo (völlig egal wo, Hauptsache Sonne) billig hin oder vielleicht Work and Travel. Warum nicht gleich Travel and Travel?

Mit dem Fahrrad zur Selbstfindung nach Usbekistan? Schneeleoparden beobachten im tibetischen Hochland. (das könnte tatsächlich bei der Einsicht und „Entstressung" helfen)

Man lebt im ungefähr besten Land der Welt (wer das nicht weiß, dem ist nicht zu helfen), mit allem, was das Menü eines Luxushotels so hergibt. (Vielleicht liegt da das Problem – dass alles „all in" ist?!!)

Gesundheitsfürsorge, Geld bei Krankheit, Arbeitslosigkeit und auch wenn man nicht mehr arbeitet, ob erwerbsunfähig, krank, alt spielt keine Rolle. Wo ist eigentlich das Leistungsprinzip? Die reinste Hängematte! (Meiner Meinung nach hingehängt von einem übergriffigen Parteienapparat, um uns leichter zu kontrollieren.)

Deshalb ist die einzige Sorge der Urlaub und ob man in der Bahn eine Maske tragen muss und wenn dann im gebuchten Hotel nur eine Sorte Käse, Kaffee, Wurst, Wasser, Zitronen usw. dargeboten wird, gibt es sofort einen negativen Eintrag bei Google/TripAdvisor und sonst wo.

Warum Kurzarbeitergeld? Schick die Leute in den Urlaub (das finden Sie je eh am wichtigsten).

Aber mal ehrlich: Warum Überbrückungshilfen und Staatskredite? Wer kaputt geht mit dem Unternehmen, hat es nicht drauf. Selektion der Besten.

Hier Geld hinterher zu werfen ist meistens sinnlos. Beispiele: TUI/Karstadt/Banken.

Dinge verändern sich. Unternehmer gehen pleite, neue Unternehmen entstehen, besser angepasst mit neuen Ideen.

Wir befinden uns in einer konstanten Evolution (von lat. evolvere = aufsteigen, verdrängen, entströmen lassen, überlegen, deutlich machen).

Viele Branchen stehen vor Veränderungen – schon immer, z.B. gab es um 1910 ca. 500 Autohersteller nur mit dem Namen A. Wie viele gibt es heute?

Was denken Sie also, wie viele wird es in 20 Jahren geben? Es geht immer weiter. Besonders Größe zieht Größe. Warum soll Tesla nicht Mercedes kaufen und später kauft Alphabet (Google) Tesla?

Nicht unwahrscheinlich.

Aber recht unwahrscheinlich sind: profitable Fluggesellschaften, Reisebüros, Parkuhren, Banken, Autozulieferer, usw.

Disruption ist Evolution. Nichts anderes.

Wir müssen mit der Zeit gehen, bis wir wieder verschwinden. Ein ewiger Kreislauf: wachsen, lernen, vergehen.

Sich dagegen zu stellen, macht keinen Sinn und so sind wir wieder beim Ausgangspunkt. Eine oder zwei Millionen?

Im Prinzip also egal (wir werden alle irgendwann sterben).

Aber: Wenn Sie ein Typ sind, der schon gestresst ist, sobald Tante Erna zu Besuch kommt, sollten Sie kein Hotel oder Restaurant aufmachen.

Um herauszufinden wie belastbar Sie sind und was für eine Art von Arbeits/Lebens/- Typ Sie sind, gibt es eigentlich nur das Prinzip: Trial and Error, Versuch und Irrtum.

Meine Methode: Learning by Burning.
Ausprobieren, versuchen, versagen, aufstehen, weitermachen.

Sie haben nicht den Magen für diese Methode?
Seien Sie ehrlich zu sich selbst!

Dann bleiben, oder werden Sie Angestellter. Je unsicherer, schwächer Sie sind, desto mehr Sicherheit sollten Sie sich holen.

Je stärker Sie sind, desto mehr können Sie in Richtung „Ich such mal Gold im Amazonas" gehen.

Was ist Stärke?

Und wäre nach diesem Ansatz nicht eigentlich der Starke im öffentlichen Dienst ein König?

Stärke ist Widerstandsfähigkeit (Resilienz) gegenüber Hindernissen, anderen und ihren Meinungen, gegenüber Krankheiten. Stärke ist Flexibilität.

Denken Sie an die Evolution: (Nur) wer sich verändert, überlebt. Lesen Sie dazu die chinesischen Philosophen plus Marcus Aurelius und Charlie Munger, dann sind Sie auf einem guten Weg.

Stärke ist aber auch Härte gegen sich selbst. Jeder ist nach drei Stunden konzentriertem Arbeiten müde. Die Härteren machen trotzdem weiter (auch ohne sich zu stressen).

Ausdauer ist eine Tugend, die in der Schneller-höher-schöner-lauter-Social-Media-Welt nicht so en vogue ist, obwohl man doch weiß, dass YouTube-Kanäle drei bis fünf Jahre benötigen, um zu den erfolgreichsten zu gehören.

Auch um einzusehen, dass man gescheitert ist, braucht man Stärke (siehe „When the horse is dead") – zunächst für das Eingeständnis, dann für das Schlussmachen und schließlich um sich selbst zu verzeihen und weiterzumachen mit dem normalen Leben.

Wann weiß man, dass es vorbei ist?

Bei meiner ersten Firma musste es mir tatsächlich noch mein Steuerberater sagen.

Bei meiner dritten Unternehmung, in Shanghai, habe ich es sofort erkannt, konnte es aber einfach nicht glauben.

50 % weniger Ertrag, von einem Tag auf den nächsten, weil ein großer Hai (finanziert von Softbank) auftauchte und alles wegfraß (Wohnungen), um danach die Spielregeln neu zu definieren.

Nachdem man dann alle Einsparpotentiale ausgeschöpft hat und nur noch die Top-Mitarbeiter geblieben sind, schaut man, wie lange und ob man überhaupt überbrücken kann.

Wenn es dann gerade noch so passt, muss man sich ehrlich fragen, warum. Viel Arbeit für wenig Ertrag? Nicht mein Ding. Habe ich nicht Lust, mit meiner Zeit etwas Besseres anzufangen?

Natürlich können sich die Dinge in Shanghai auch wieder ändern (durch Corona usw. vielleicht nicht so schnell), aber meine Leute sind immer dabei, die nächste Business-Idee auszubrüten und auszuprobieren. Ich brauche bloß Nein sagen. Neun von zehn Ideen sind Quatsch, aber es braucht ja nur die nächste, eine gute.

LEKTIONEN IN DEMUT

Erfolg kommt bekanntlich nicht über Nacht – bei Ihnen nicht und bei anderen eben auch nicht.

„Die ersten sechs Jahre ist man ein Anfänger." Bedenken Sie das, wenn es bei Ihnen in den ersten drei Jahren bombe läuft, Sie zu viel Selbstbewusstsein bekommen und den großen, neuen Firmenwagen bestellen.

Nach sechs oder sieben Jahren, wenn es mal gut gelaufen ist und mal weniger gut, wenn Sie durch konjunkturelle Hoch- und Tiefphasen gegangen sind und Ihr Business immer noch existiert, dann können Sie anfangen, ein paar Dinge zu sagen. Da haben Sie dann etwas gelernt (hoffentlich).

Das gilt auch für andere Bereiche:

Ein Investmentfonds der Charts präsentiert, in denen man drei oder fünf Jahre erfolgreich jährlich um 20 % gesteigert hat? Wo die Kurve am ausgesuchten, niedrigsten Punkt (meistens nach der Finanzkrise 2008) anfängt, um dann umso steiler anzusteigen? Das ist Trickserei mit Charts und Statistiken. Lächerlich! Mindestens eine große Krise sollten die Charts abbilden. 2000, 2008, 2015 oder mit Abstrichen 2018, Corona-Crash, Ukraine Bear Market? Wie hat das Unternehmen, der Fonds etc. in diesen Krisenzeiten performt? Daraus ziehen Sie die wichtigen Informationen.

An einem Boom-Market mitzuzocken, wenn auch die letzte hochverschuldete Technologie-Bude nach oben läuft (2000, 2020), kann im Prinzip jeder. Wenn es dann abwärtsgeht, zeigt sich die Stärke. Häufig ergeben sich hier allerdings gute Einstiegskurse bei Unternehmen, die durch das sog. negative Sentiment des Marktes hier sozusagen in Sippenhaft genommen werden, obwohl sie eigentlich solide Zahlen und Gewinne abliefern, und mit Unternehmen, die hochverschuldet und ohne Gewinne dastehen, in einen Topf geworfen werden.

Ein Einstieg in einen Markt mit negativem Sentiment braucht Mut, das ist so. Wer hier allerdings nicht investiert, steigt zu spät ein und verliert den großen Gewinn, wenn es dann wieder nach oben geht. Und nach oben geht es – das war bisher immer nur eine Frage der Zeit.

Hält man zwei Jahre mit negativen Vorzeichen und roten Minuszahlen aus, wird man belohnt mit schönen Gewinnspannen (siehe Schlaftablette nehmen à la Kostolany).

Wer die Nerven verliert und glattstellt – aus dem Markt herausgeht –, begeht den Fehler, der erfahrenen Marktteilnehmern später diese großen Gewinne beschert. Diese Profis sammeln die verprügelten Aktien ein und warten dann einfach ab.

Erfahrung ist also das Alpha und Omega.

Aber was bedeutet Erfahrung haben?

Dass man Fehler gemacht hat. Dass man Probleme erkannt und überwunden hat.

Wer keine Fehler macht, macht entweder nicht genug oder lügt.

Am Aktienmarkt noch kein Geld verloren?

Gelogen! Jeder setzt mal im falschen Moment aufs falsche Unternehmen, täuscht sich im Geschäftsmodell oder hat einfach Pech.

Sie investierten in chinesische Bildungsunternehmen?

Gute Idee, bis dann die Kommunistische Partei (KP) entschied, dass Bildung Staatsaufgabe ist und die Unternehmen einkassierte. Alle machen Fehler, auch die Superprofis wie Munger (Alibaba) und Buffett (Boeing), Pabrai (Alibaba), Ackman (Netflix) usw. Milliarden Dollar verbrannt und vernichtet. Lehrgeld, aber auch Geld, das immer wieder verloren wird. Verluste gehören dazu. Sind Sie allergisch dagegen, bleiben Sie am besten beim Sparbuch. Dann können Sie sich über die Geldentwertung aufregen.

Erfolgreich werden heißt, immer weiterzumachen und sich nicht kleinkriegen zu lassen.

Wenn dann irgendwann Erfolge kommen, nehmen Sie nicht alles auf die eigene Kappe (das Meiste war einfach Glück). Prahlen und protzen Sie nicht. Futtern Sie lieber ein bisschen Speck an für schlechte Zeiten.

Bescheidenheit und Demut gegenüber dem verdienten Geld und dem (verdienten oder auch unverdienten) Erfolg. Ich lerne daran immer noch, es fällt mir schwer.

Freunde und Familie helfen. Den Müll rausbringen hilft.

Diesen Tipp habe ich mir übrigens von Frank Rost (ehem. Torwart SV Werder Bremen) abgeschaut, der mal gefragt wurde, wie er eigentlich auf dem Teppich bleibt, wenn er die Meisterschaft und den DFB-Pokal gewonnen hat.

Am nächsten Tag den Müll rausbringen, war seine Antwort.

Weitere Beispiele gefällig? Die Kotze von der Katze wegmachen. Ein Fahrrad, ein Auto oder eine Waschmaschine reparieren (Trauen Sie sich, mit YouTube geht das.).

Mir persönlich hilft ein regelmäßiger Besuch auf dem Friedhof. An den Gräbern meiner Eltern und Großeltern schließt sich der Kreis. Im leisen Zwiegespräch mit den Verstorbenen, dabei Unkraut zupfend, hockend, kniend (siehe katholische Kirche). Das bringt Demut, Frieden und Ruhe.

Und Knie- und Rückenschmerzen.

Wenn ich dann meinem Vater von Dingen berichte, die sich bei uns im Dorf zugetragen haben, oder einfach frage, wie es geht und ob es sehr langweilig ist dort im Jenseits, dann ergibt sich für mich eine Perspektive. Erstens berichte ich nicht von neuen teuren Anschaffungen, die ich mir leisten kann, oder Deals, die durchgegangen sind. Das kommt mir wahrlich nicht in den Sinn. Ich denke an die Gesundheit und das Wohlergehen der Lieben um mich herum. Derer, für die ich im Jetzt, hier und heute, Verantwortung trage. Ich sage meinen Eltern und Großeltern: Macht euch keine Sorgen, uns geht es gut!

Perspektive und Relation. Einordnung zwischen Leben und Sterben.

Ich bin in unserer Familie der Nächste, alle anderen sind, wie Udo Lindenberg immer so schön sagt, vor uns gegangen (nicht von uns).

Da ist trotzdem kein Platz für Angst, um das eigene Selbst, um das eigene Vergehen. Sterben und Tod sind unweigerlich Bedingungen für Leben.

Und um jetzt dieses Essay auf einer etwas heiteren Note zu beenden, denken Sie daran, falls Sie demnächst mal auf einen Friedhof gehen. Da liegen sehr viele ehemals mächtige und reiche Leute, aber das letzte Hemd hatte auch für diese Leute keine Taschen.

RISIKO!

Wie viel Profit muss welches Risiko einbringen?

Eine Firmengründung ist oftmals ein „All in", das heißt, der Unternehmer setzt alle seine Mittel ein. Entweder um den erhofften Bankkredit zu bekommen oder Maschinen o.Ä. zu erwerben. Dabei wird das Haus, das möglicherweise vorhanden ist, beliehen und außerdem schamlos Geld von Freunden und Familie geliehen (siehe Kapitel „Große Fehler").

Wenn es dann gutgeht, sind alle glücklich. Banken bleiben ruhig, solange das geliehene Geld regelmäßig in abgesprochenen Teilbeträgen zurückfließt, können aber sofort garstig werden und die Reißleine ziehen, sobald es Verzögerungen gibt oder Kreditlinien kurzfristig erhöht werden sollen.

Denken Sie daran:

„Kurzfristig" und „Bank" stehen im genauen Widerspruch.

Schon mancher Firma wurde über Nacht der Geldhahn zugedreht.

Konsequenz im besten Fall: Übernahme des Unternehmens durch einen Konkurrenten, der bzw. dessen Hausbank dann auch gleich die Schulden mitübernimmt. Auch kann im Gegenteil ein rascher Erfolg und schnelles Wachstum zu dem gleichen Ergebnis – Bank dreht Geldhahn zu – führen. Der mittelständische Safthersteller Klindworth Fruchtsäfte, für den ich Anfang der 2000er arbeitete, war recht erfolgreich im Getränkefachgroßhandel und besonders in der Gastronomie und bei Barkeepern beliebt.

Allerdings war man nur in Norddeutschland etabliert und so entwarf man die Strategie, nach Süden und außerdem in den Lebensmitteleinzelhandel zu expandieren.

Expansion braucht Mittel: mehr Marketing, mehr Präsenz auf Messen, mehr Außendienst, mehr Personal in der Produktion, neue Maschinen, mehr Lagerraum usw.

Die Kosten steigen also brutal an, während der Ertrag nur langsam zunimmt. Jede Einlistung beim Großhändler, im Fachhandel, in der Gastronomie und im Lebensmitteleinzelhandel kostet Geld. Ob das gezahlte Geld wieder in Form von erhöhten Absatzzahlen zurückfließt, ist insbesondere in der Gastronomie fraglich (siehe auch Kapitel „Falsche Branchen").

Wenn also keine überregional große und mutige Bank im Hintergrund die Fäden zieht, kommt es schnell zu Engpässen bei der Liquidität, Gehälter werden verzögert gezahlt, Lieferanten wie ich werden hingehalten usw.

Andere Marktteilnehmer werden dann aufmerksam und so entschied sich die damalige Karlsberg Brauerei, ein Konglomerat aus verschiedenen regionalen Saftherstellern zusammenzukaufen und unter einem Dach zu versammeln (also Personal abbauen, Standorte schließen), um eine gewisse Marktmacht gegenüber Einzelhandel und Gastronomie zu bekommen und gleichzeitig Kosten zu senken.

Misserfolg führt zu Problemen, aber Erfolg kann genauso problematisch sein.

Das heißt also, dass für den Unternehmer ein doppeltes Risiko besteht. Er verschuldet sich bis über beide Ohren und hat, egal ob er erfolgreich ist oder nicht, den immer über ihm kreisenden Pleitegeier, der auf sein Ableben wartet.

Die Frage ist also, ob es überhaupt ein Szenario für den Unternehmer gibt, in dem er gewinnt oder das sich lohnt.

Es gibt immer wieder Berichte von Start-ups, die von größeren, meistens konkurrierenden Unternehmen übernommen werden und deren Gründer dann mit Aktienpaketen abgefunden werden und Posten im größeren Unternehmen übernehmen. Das kann gut enden oder auch nicht. So etwas ist schwer abzusehen, aber Sie können trotzdem davon ausgehen, dass es meistens damit endet, dass der kleinere Fisch geschluckt wird und als Grätengerippe eine Weile später an Land gespült wird.

In den Medien werden Sie immer die Geschichten der erfolgreichen Unternehmer lesen, der erfolgreichen Übernahmen. Es ist schlicht kein Platz für die 10.000 Geschichten der Gescheiterten.

Meiner Meinung nach ist es im Grunde genommen egal, ob der Unternehmer erfolgreich ist oder nicht.

Er muss es ja ohnehin machen. Er muss gründen, unternehmen, machen, ausprobieren, schaffen, - es ist einfach in seiner DNA.

So war es bei mir. Ich hatte die Nase voll von meinem Chef, ich hatte die Nase voll von Montag bis Freitag, nine to five usw. Es blieb mir keine andere Wahl, als mein eigenes Ding durchzuziehen.

Sonst würde ich nicht glücklich werden, hatte ich mir damals reichlich naiv eingeredet.

Und doch benötigt man genau diese Prise Naivität, um überhaupt aus den Startlöchern zu kommen.

Scheitern ist möglich und wenn man alle Faktoren genau betrachtet und abwägt, sogar wahrscheinlicher, als nicht zu scheitern.

Erfolg ist auch bei einem möglichen Nicht-Scheitern relativ. Erfolg kann auch bedeuten, die ersten Jahre nur so gerade durchzukommen und dann später „seine" Nische zu finden und durchzustarten.

So war es auch bei mir. Es hat gedauert. Ich habe durchgehalten und auch Glück gehabt.

Das heißt aus rein rationalen Gründen ist es gefährlicher Quatsch, eine Unternehmung anzugehen und sich so zu verschulden, dass am Ende nur die private Insolvenz bleibt und man möglicherweise sechs Jahre in ein schmerzvolles Insolvenzverfahren verstrickt ist.

Wie fragil die Konstrukte von Kleinunternehmern sowie kleineren Mittelständlern z.T. sind, hat man kürzlich während der Pandemie gesehen. Nur mit Staatshilfen (Steuern) gelang es dort zu überleben und nicht wenige haben ihr Heil in einer angestellten Tätigkeit gesucht und gefunden. Dies ist allerdings nur meine persönliche Beobachtung aus dem Freundes- und Bekanntenkreis. Die offizielle Seite Destatis der Bundesregierung gibt diese Zahlen nicht her und die Landesämter melden z.T. sogar gegenläufige Daten. Ein Hintergrund könnte sein, dass eine Gewerbeanmeldung, sobald diese erfolgt ist, in den darauffolgenden Jahren sozusagen kein Brot frisst – egal ob sie Umsätze generiert oder nicht – und es somit auch nicht unbedingt einen Grund gibt, das Gewerbe abzumelden.

Fazit

Trotz aller Risiken bleibe ich dabei, dass diejenigen, die nach maximaler Selbstverwirklichung streben, unbedingt ihr Glück in der Gründung eines eigenen Unternehmens suchen sollten.

Ich habe mir damals mit 16, als ich anfing das Handelsblatt zu lesen (ca. 1899 ...), einen Ausschnitt an die Wand neben meinen Schreibtisch genagelt, auf dem stand: „Mach dich selbständig, solange du dein Ausscheiden aus dem Erwerbsleben noch selbst beeinflussen kannst."

Und daneben habe ich mit Tusche geschrieben: „Spätestens mit 30!!!"

Als ich meine erste Gewerbeanmeldung bei der Samtgemeinde im Ordnungsamt gemacht habe, war ich 29.

Knapp geschafft ...

Wie man das richtige Betätigungsfeld findet und wie man Risiken minimiert, siehe nächstes Kapitel: „Fünf falsche Branchen".

FALSCHE BRANCHEN

Einzelhandel u.a.

Nicht nur der allgemeine Trend hin zur Bestellung im Internet spricht gegen ein Geschäftsmodell mit Shop/Laden.

Viele vergessen, dass hier in erster Linie der Vermieter profitiert.

Kleiner Einzelhandel ohne Marken bzw. Marktmacht hat keine Chance, auf erhöhte Inflation zu reagieren, der Preisdruck ist immer da und kompensiert wird oft über maximale Geschäftszeiten und Unterbesetzung.

Pleite vorprogrammiert.

Großer Einzelhandel wie bei Edeka hat Marken- und Marktmacht, aber die Personalkosten, die unweigerlich bei einem Premiumprodukt mit Fleisch- und Käsetheke anfallen, schmälern den Ertrag.

Hier sind Modelle von Aldi und Lidl vermutlich im Vorteil, weil sie in den nächsten Jahren voll automatisiert werden können.

Wegen der kleinen Gewinnmargen und der andauernden Preiskämpfe mit großen Lieferanten wie Procter & Gamble, Nestle usw. bleibt der Einzelhandel immer ein sogenanntes Cut-throat Business. Dazu gehört wegen der großen Konkurrenz, der hohen Personalkosten und der kleinen Margen fast alles, was mit Auto, Motorrad, Flugzeugen zu tun hat: Autohersteller, Autozulieferer, Autohäuser (die vermutlich ohnehin verschwinden werden – Elon macht es vor), Fluggesellschaften, Reisebüros, Makler.

Bei Autovermietung würde ich noch Potential sehen, da voll automatisiert werden kann. Bei der Herstellung eines Tesla bin ich nicht genug im Thema, um zu sagen, ob das in fünf bis zehn Jahren vollautomatisch geht oder nicht. Immerhin spart man dort so lange schon mal die Kosten für Marketing (sieht man vom Twitter-Kauf ab) und für Autohändler.

Energieversorger sind möglicherweise auch in Schwierigkeiten, da wir in eine Richtung gehen, in der dezentral, von vielen Einzelnen Energie hergestellt und verwaltet werden kann: Photovoltaik, Wind, Biogas, Wasserstoff, kleine Atomreaktoren, Wärmepumpen u.a.

Hier ist die Entwicklung bei den drei Letztgenannten noch am Anfang. Innovationen auf diesem Gebiet plus staatliche Steuerung können schnell ganze Märkte kippen lassen.

Jede einzelne Person könnte also zum Hersteller, Verkäufer oder vielleicht mit seinem Auto oder Energietruck zum Distributor werden.

Bei neuen Technologien oder in Kombination von verschiedenen sogenannten disruptiven Entwicklungen ist grundsätzlich alles möglich. Viele Menschen haben einfach Angst, so weit und so frei zu denken (siehe auch bei Dr. Nowakowski im vorderen Buchteil).

Hören Sie hier bloß nicht wieder auf die angeblichen Experten, besonders nicht auf die aus Deutschland. Wenn Sie wissen wollen, was alles nicht geht, ganz furchtbar ist und bleibt, immer schlimmer wird, vor die Hunde geht usw., lesen Sie weiter den Spiegel und ihre Tageszeitung. Schreiend schlechte Nachrichten sind Hingucker (Clickbait) und verkaufen sich am schnellsten.

Wie schon im ersten Teil von Dr. Nowakowski beschrieben, bewerten wir unbewusst negative Nachrichten stärker als positive. Das hat evolutionsgeschichtliche Gründe.

Neueste Untersuchungen sagen sogar: Wir bewerten sie doppelt so stark! (siehe auch Dobelli und Kahneman)

Das heißt auch: Das Wort „Krise" erzeugt doppelt so viel Revenue wie das Wort „Chance".

Es gibt immer ein Sammelsurium von Untergangsexperten (zunächst die Corona-Untergangsexperten, jetzt Kriegs-Atom-Wahnsinn-Experten), die sich im Prinzip wichtigmachen wollen, oder von professionellen Lobbyisten, die für eine Firma Katastrophen-Szenarien aufbauen, damit die Firma profitiert. Beispielsweise ist der Ausbau immer höherer Standards zur Wärmedämmung schon lange nicht mehr sinnvoll, wird aber von Großkonzernen weiter angefeuert. Die sogenannte energetische Sanierung hat natürliche Grenzen, die aber in Milchmädchenrechnungen, mit Worst-Case-Szenarien, so modelliert werden, dass wir wahrscheinlich irgendwann bei Wandstärken von gefühlt zwei Metern sind.

So wollte man mir schon vor 25 Jahren eine hocheffiziente (sobald dieses Wort benutzt wird, sollten sie hellhörig werden), auch im Winter funktionierende Solarthermieanlage zur Warmwassererwärmung und Heizungsunterstützung verkaufen, die aber den entscheidenden Fehler hatte, dass alle Kalkulationen von einem dauerhaft steigenden Ölpreis ausgingen (was noch nie der Fall gewesen ist) und dass im Winter die Sonneneinstrahlung so gut ist, dass am Ende, bei meinem Heizkörper, mehr als 30 Grad ankommen.

It's not gonna happen! Physikalischer Bullshit!

Heute kommen durch verbesserte Systeme vielleicht 35 Grad an, aber der Kosten- und Arbeitsaufwand, um dahin zu kommen, ist so groß (mind. 20.000 Euro), dass Sie sich lieber selbständig eine Klimaanlage an die Wand hängen sollten.

Für 900 Euro.

Dann haben Sie zusätzlich noch Kälte im Sommer und die Möglichkeit, das mit einer Photovoltaik-Anlage zu verbinden, um im Strombereich autark zu werden.

Leider müssen Sie hier schon selbst tätig werden. Von den Experten können Sie keine Hilfe erwarten.

Ich kenne genügend Studierte, die meinen, wenn Sie einmal etwas gelernt haben, müsste das für immer Bestand haben.

Grundsätze in Mathe und Physik, ja, die bleiben und sind essentiell. Trotzdem müssen Sie immer damit rechnen, dass Experten und Lobbyisten Ihnen ein X für ein U vormachen. Oder warum, glauben Sie, hat sich der Benzinmotor mit einem furchtbaren Wirkungsgrad von 30 % so lange gehalten?

Lebenslanges Lernen, buy, hold, check, das ist der Weg.

Bleiben Sie offen, geben Sie Fehler zu, machen Sie sich schlau.

Und träumen Sie!

Nehmen wir mal das weite Feld der Gesundheit.

Ich kann mir vorstellen, dass z.B. die neue (20 Jahre alte) MRNA-Technologie für Impfungen gegen 100 verschiedene Krankheiten eingesetzt werden kann, dass auch DNA-Umstrukturierungen à la CRISPR viele Medikamente überflüssig machen (vielleicht auch das Altern an sich), 3D-gedruckte Körperteile an einem Nachmittag in der (bald nutzlosen) Tankstelle ausgetauscht werden. Superfoods, die Alterskrankheiten verhindern oder heilen, wachsen in 1.000 Meter hohen Hanging Gardens. Arztbesuche im Metaverse, von zu Hause, mit einem kleinen Pflege-Robo vor Ort, der mir auch Schlager vorsingen kann (wir wollen doch nicht gleich das Schlimmste hoffen).

Behandlungen ohne Zeit- bzw. Kostendruck, durch künstliche Intelligenz machbar, global, für alle. Da man sich vom herkömmlichen Strom/Wasser-Grid entfernt hat, kann man überall leben.

Teile dieses Wandels sieht man jetzt schon, wir träumen von Dingen und Situationen, die wir gelesen, gesehen und gehört haben und die unser Hirn des Nächtens kreativ weiterspinnt (siehe auch bei **Huberman Lab**, die Bedeutung und Fähigkeiten, die Träume, bzw. Traumphasen bei der Bewältigung von Aufgaben haben).

Wir antizipieren den Wandel. Was genau passiert, kann niemand sagen.

Aber: Wenn Sie positiv und optimistisch bleiben wollen, träumen Sie sich in eine positive neue Welt voller Möglichkeiten.

Sollten Sie mit schlechten Nachrichten und schlimmen aktuellen News ins Bett gehen, werden Sie negativ weiterdenken und träumen.

Deshalb: keine News, kein Handy am oder im Bett.

Am besten Sie legen zwei Stunden bevor Sie schlafen gehen alles zur Seite, dann hat ihr Körper genügend Zeit, alle Hormone, die durch das Surfen im Internet, Shoppen, Whatsappen usw. in Unordnung bzw. aus der Balance gekommen sind, auszugleichen und langsam durch Melatonin zu ersetzen.

Denken Sie daran:

Schlaf + Essen = Gesundheit

GOLDENE BRANCHEN

Jede Art von handwerklichem Können bzw. handwerklicher Ausbildung ist gut.

Sie werden immer Arbeit und somit Geld und Essen haben. Weltweit, in egal welcher gesamtwirtschaftlichen Situation sich die Erde befindet. Bankensystem zusammengebrochen? Jemand bezahlt Sie bar oder in Naturalien. Währungskrise? Dito. Weltkrieg? Handwerk muss bauen, aufbauen, wiederaufbauen, umbauen. Straßen, Häuser, Leitungen – Handwerk ist sozusagen die Basis von allem. Erst danach kommt der Verkauf. Das ist die zweitwichtigste Eigenschaft. Sind Sie also ein guter Handwerker und Verkäufer – perfekt! Mehr geht eigentlich nicht.

Benötige ich den Manager, der sich in seinem global agierenden Unternehmen um die Schraube/Lampe/XY hinten links kümmert? Key Account Global XYZ?

Kleine Rädchen mit großen Titeln, austauschbar bzw. im nächsten Sparprogramm des neuesten Technikvorstandes vielleicht schon überflüssig, outgesourct oder wegrationalisiert durch Innovation.

Welches Personal benötige ich überhaupt noch?

Heruntergebrochen würde ich sagen: Man braucht immer Handwerker und Verkäufer. Dazu Soldaten.

Dann Lehrer, Erzieher, Wissenschaftler, Forscher (am besten vereint in einer Person).

Im Gegensatz zu Rolf Dobelli halte ich nicht viel davon, sich extrem zu spezialisieren. Es mag sein, dass ich als Neuro-Chirurg mehr verdiene als ein „normaler" Chirurg, der Arme, Beine usw. macht. Bei Handwerkern kann es sein, dass der Wärmepumpen- oder Solarexperte mit einem Hintergrund in IT gerade besonders gefragt ist, aber auf lange Sicht brauche ich immer einen ganz normalen Klempner, der Abwasser- und Wasserrohre verlegt und repariert. In dieser breiten Basis findet sich immer Sicherheit (auch an der Börse), das sind Grundprinzipien.

Je mehr ich zum Spezialisten und zum Fachidioten werde und diese Basis verlasse, desto anfälliger bin ich für Veränderung und Disruption (und schwarze Schwäne, siehe Nassim Taleb).

Wie ein hochgetunter Rennwagen oder ein hochgezüchteter Hund werde ich anfällig für Defekte und Krankheiten.

Warum das Risiko? Warum kompliziert?

Dass der Einzelhandel eine schwierige Branche ist, habe ich schon beschrieben. In den 2000ern war ich mit einer Firma für Event und Promotion am Markt, hier besonders in den Bereichen Einzelhandel und Gastronomie.

Eine wirklich schlimme Kombination und ein sicherer Garant für Zahlungsausfälle.

Dass die meisten Unternehmungen im Bereich Gastronomie scheitern, sollte nicht überraschen. In den USA geht man von 60 % Schließungen im dritten Jahr nach Eröffnung aus. Dass trotzdem immer wieder jemand sein Glück in dieser Branche versucht, hat wohl damit zu tun, dass man seinem lang gehegten, großen Traum nachrennt und die Ratio in der Beurteilung von Chancen und Risiken komplett außer Acht lässt.

Wer allerdings mit viel Kapital in die Systemgastronomie geht, wie z.B. Steffen Henssler mit dem Konzept „Ahoi", hat wesentlich größere Erfolgschancen.

Die Skalierungseffekte lassen das Ganze planbar und lukrativ werden. Bestes Beispiel ist natürlich immer noch McDonalds, dessen Erfolg beinahe etwas unheimlich ist, wenn man bedenkt, wie lange das Unternehmen schon erfolgreich auf dem Markt agiert und wie sehr es sich über die Jahre entwickelt hat – zuletzt ja unter anderem auch durch Ausweitung in die Bereiche Öko, Veggie, Nachhaltigkeit, Premium, Local bei gleichzeitiger Kostensenkung durch Automatisierung.

Es hat alle Trends bedient und ist profitabler geworden (ein sicherer Kauf).

McDonalds gehört zu den zehn stärksten Marken der Welt. Jede Statistik gibt das wieder.

Deshalb sollte die Aktie auf jeden Fall ein Basisbestandteil jedes ausgewogenen Aktienportfolios sein.

Wie das aussehen kann, sehen Sie im übernächsten Kapitel.

BÖSE FEHLER

Was meine beiden erfolgreichen Geschäftsführer-Kumpel, Lambo und Schmirgo, als böse Fehler bezeichnen: Nicht zuschlagen, wenn der Gegner am Boden liegt.

Der Lieferant/Kunde ist in eine Notlage geraten und jetzt ist die Möglichkeit gekommen, abzukassieren. Im Gegensatz zu allem, was Sie in der Schule oder im weitestgehend sinnlosen BWL-/VWL-Studium gelernt haben, kommen Gelegenheiten, bei denen Sie einen großen Reibach machen können, sehr selten.

Nutzen Sie diese!

Wenn Sie niemand (mehr) mag und auch ihre Mutter Sie für ein ausgewachsenes Arschloch hält, sind Sie auf dem besten Weg zu ihrer ersten Million.

Denken Sie daran:

Je rücksichtsloser Sie vorgehen, desto eher erreichen Sie ihr Ziel und desto früher können Sie den Fuß wieder vom Gas nehmen und Charity machen oder beliebt sein (siehe Jobs/Gates/Bezos/Zuckerberg usw.).

Die beiden oben genannten Punkte sind nicht ganz so ernst gemeint und natürlich gar nicht von meinen Geschäftsführer-Kumpeln verfasst worden. Beide zeichnen sich dadurch aus, dass sie für ihre Firma jeden Tag abliefern. Ganz konsequente, tägliche Arbeit. Keine Tricks, keine Abkürzungen. Der eine hat mehr als 25 Jahre auf dem Buckel und der andere 24. Das ist Ausdauer, die in einem guten Business, im Normalfall, zu Reichtum führt.

Aber auch wenn die beiden Punkte oben vielleicht nicht ganz ernst gemeint waren, ist doch mehr als ein Körnchen Wahrheit dran. Ich habe, zumindest in China, mit moralisch nicht immer einwandfreiem Verhalten große Erfolge erzielt. Fazit für mich: Nur nett sein bringt es nicht, aber nur Arschloch sein war mir auf die Dauer einfach zu anstrengend.

AKTIENPORTFOLIO NACH MARKENSTÄRKE

Starke Marken bieten nicht nur wegen ihrer sogenannten Pricing Power, aber auch durch ihren weltweiten Bekanntheitsgrad und weltweiten Vertrieb ein enormes Sicherheitspotential bei Inflation, in Krisen und beim Kollabieren von einzelnen Ländern, Währungen etc.

Wenn dann noch überdurchschnittliche Renditen, Margen und Wachstumspotential dazukommen, haben Sie auf die Schnelle ein gutes Portfolio zusammengestellt, das auch noch über Jahre besser abschneiden wird als die Depots mancher Trader, Wikifolio-Experten oder Börsenstars.

Um das Depot noch sicherer zu machen, nutze ich wieder das Prinzip der breiten Basis und mache mir außerdem eine Erkenntnis von Robert Kiyosaki zu Nutze: Jede Mannschaft schlägt jeden Einzelakteur.

Da ich mich ein bisschen für Fußball interessiere, stelle ich mein Portfolio wie eine moderne Fußballmannschaft von Jürgen Klopp auf.

Im Angriff habe ich Diogo Jota, Mané und den Egyptian King.

Das wäre für mich in ein super Markenportfolio übersetzt: Alphabet, Tesla und Apple.

Dazu im Mittelfeld (wir spielen in der 4-3-3-Formation): Fabinho, Thiago und Naby Keita.

Das wären: LVMH, Amazon und Microsoft.

Und in der Abwehr: Robertson, van Dijk, Konaté und Trent Alexander-Arnold.

Hier im Portfolio wird gegen alle Widrigkeiten, auch mit Dividenden, über Jahrzehnte massiv verteidigt mit:

Kraft Heinz, McDonalds, Coca-Cola, Merck & Co.

Als Torwart: Alisson Becker alias Berkshire Hathaway.

Jetzt werden viele motzen und sagen: zu USA-lastig, zu viel Tech, zu wenig Small Caps, zu wenig deutsch. Manche werden sagen, dass da zu viel Risiko ist, und manche sagen, da ist zu wenig Risiko.

Fakt ist, ich bin im Plus. Zwar aktuell nur 2,3 %, aber ich war im Januar im Plus, im Februar, im März, im April und sogar jetzt im Mai, wenn der Nasdaq minus 21 %, der Dow Jones minus 10 % und der Dax minus 12 % hinten liegen. Klar, die Nasdaq-Werte haben schlecht performt, nur Microsoft und Apple haben sich relativ gut gehalten mit minus 8 bzw. minus 6 %.

Wie üblich werden Meisterschaften allerdings in der Verteidigung gewonnen:

Die Abwehr hat ein Gesamtplus von 73 % im Jahr 2022 bis jetzt (03.05.) hingelegt und das gleicht die relativ schlechte Performance von Angriff und Mittelfeld wieder aus.

Wenn Sie jetzt noch etwas machen wollten, könnten Sie die Abwehr im Bear Market und den Angriff im Bullenmarkt übergewichten, allerdings werden Sie sich mit dem Timing schwertun (ist immer so) und Sie müssten ja aktiv traden. Das bringt Kosten und Stress.

Einfacher wäre es doch, jetzt zu schauen, ob Sie für den viel geschmähten, viel verprügelten Angriff (weil er dauernd am Tor vorbeischießt bzw. die Guidance für die EPS wieder verfehlt) möglicherweise günstige Spieler nachkaufen können.

PayPal, Tencent, Alibaba, Disney, Netflix, Meta usw. böten sich da an, je nach Vorliebe bzw. Nervenkostüm.

Oder Sie gehen ganz sicher und kaufen die stärksten Positionen in Ihrem Portfolio nach. Immer die stärksten. Die, von denen Mohnish Pabrai sagt: Denken Sie darüber nach: Sie müssten ein Viertel des gesamten Vermögens Ihrer Familie in eine einzelne Aktie investieren – welche wäre das? Vor allem wenn diese Marke bzw. Aktie gerade zu einem Discount im Schaufenster angeboten würde?

Umso besser!

Auf der Ersatzbank (falls Sie sich das auch schon gefragt haben sollten) sitzen als Torwart Danaher, für die Abwehr Mercedes Benz, Nestle, Porsche Holding, Allianz, Unilever und für das Mittelfeld und den Sturm ein paar schnelle Chinesen: BYD, Nio, Baidu (recht launische Spieler) und hochgejubelte, kommende Superstars wie Shopify, Spotify und Teladoc.

Das Depot ist übrigens mit Absicht sehr USA-lastig. Man sieht es doch gerade im Moment: Never bet against America! (Warren Buffett) Der Dollar ist nach wie vor die stärkste Währung der Welt, der Euro im Jahresvergleich 20 % abgeschmiert. Das heißt, jedes Investment, das Sie in Dollar gemacht haben, hat alleine schon über den Währungskurs gewonnen.

Dasselbe gilt für Auslandsinvestitionen: Die türkische Lira ist superschwach. Also gehen Sie hin und kaufen in Izmir in Top-Lage eine Wohnung (Top-Lage ist immer am sichersten). Später, in fünf Jahren, wenn sich die Lira erholt hat und der Euro schwach ist: Verkaufen!

Und falls die Lira weiter fällt, haben Sie eine gute Ferienwohnung (Plan B).

BÖSE FEHLER TEIL 2

Geld verleihen!

Klappt nach meiner Erfahrung nicht.

Entweder wird die Beziehung zu der Person, der man das Geld leiht, „merkwürdig" oder zerbricht gleich ganz.

Häufig sind Leute, denen man Geld leiht, schon anderweitig verschuldet und es ist für Sie kein Problem links und rechts Geld zu leihen. Hier ist das Problem ganz klar nur bei der verleihenden Person.

Ich habe lange gebraucht, um das zu verstehen. Dass es Leute gibt wie mich, die gern verleihen, wahrscheinlich um sich dabei gut und wichtig zu fühlen (Helfersyndrom), ist aber auch ganz klar mein Fehler.

Wenn man Geld verleiht, sollte man davon ausgehen, dass man das Geld nicht zurückbekommt. Ist man trotzdem ok damit – na los, dann verleih es!

Erste Rechnung zu spät stellen.

In den Anfangsjahren meiner Werbeagentur habe ich häufig mit viel Herzblut, Vollgas drauf los gearbeitet, ohne mich darum zu kümmern, ob die andere Seite (der Auftraggeber) ebenso enthusiastisch dabei ist, wenn es darum geht, die Rechnung zu bezahlen.

Auftraggeber bzw. Kunden neigen wie normale Konsumenten manchmal dazu, Dinge einfach haben zu wollen, vergessen dabei aber, dass sie die notwendige Liquidität gerade nicht haben.

Man liefert also eine tolle neue Webseite, einen Messestand oder eine Kampagne für den Point of Sale (POS) und danach kommt die Rechnung (eben zu spät) beim Kunden an und er fängt an zu diskutieren.

Das hatte ich mit fast jedem Kunden im Einzelhandel (siehe Kapitel „Investments, die keinen Sinn machen").

Egal ob Philips oder Afri Cola, es wird diskutiert, ob Leistungen wirklich so erbracht wurden oder ob das überhaupt so vereinbart war, ob die Person am POS pünktlich war, als sie die Promotion der neuen Quark-Sorte gestartet hat usw.

Sollte das nicht verfangen, wird ganz unverblümt nach Rabatten, Discounts und Nachlässen gefragt, oder wie ein Kunde mir sagte: „Sie wollen doch im nächsten Jahr noch weiter unseren Etat betreuen, oder? Deshalb erwarten wir einen Nachlass von 20 %!"

Wenn Sie dann so grün sind wie ich damals, haben Sie diese Möglichkeit vorher nicht in Ihre Preise einkalkuliert und so verlieren Sie mal eben 20 %.

Glückwunsch, wenn das ihre Gewinnspanne war, da haben Sie dann schön für lau gearbeitet.

Zusätzlich kommt es dann je nach Branche zu großen oder sehr großen Verzögerungen der (außerdem reduzierten) Rechnungssumme.

Je schlechter die Branche und je größer das Unternehmen, desto schlechter die Zahlungsmoral.

Acht bis zwölf Wochen, bis die Kunden zahlen, sind für viele Unternehmen völlig im Rahmen und wenn Sie wie jeder Business-Anfänger wenig Liquidität haben, stehen Sie schnell mit dem Rücken an der Wand.

Dann gehen Sie treuherzig zur Bank und fragen nach Überbrückungskrediten – natürlich Fehlanzeige – plus zusätzlich haben Sie die Bluthunde der Bank auf sich aufmerksam gemacht, dass da möglicherweise Schwierigkeiten (Zahlungsausfälle) drohen. Lektion gelernt, zur Bank nur aus einer Position der Stärke!

Ebenso funktioniert das beim Eintreiben von Forderungen: Sie müssen sich die Hände schmutzig machen und konsequent mahnen, das ist die Realität, wenn man ein Business betreiben will.

Sie üben Druck aus auf den Auftraggeber für pünktliche Bezahlung, Druck auf den Lieferanten für den besten Preis, Druck auf die Arbeitnehmer, um maximale Arbeitsleistung zu bekommen (wenn es denn branchenbedingt möglich ist).

In meinen jetzt 30 Jahren Business in den unterschiedlichsten Branchen habe ich viel Lehrgeld bezahlt.

Zahlungsausfälle im fünfstelligen Bereich. (Ich weiß, alle „richtigen", großen Unternehmer lachen sich gerade kaputt, weil Sie weit im sechsstelligen Bereich sind)

Für mich waren die Zahlungsausfälle mental schwierig zu verkraften. Selbst kleinste Summen ließen mich schlecht schlafen. (und werden NIE vergessen!)

Ich habe das konsequent mental falsch verbucht, als eigenen Fehler. Dabei kann man die Handlungen der anderen Marktteilnehmer nicht groß beeinflussen.

Was kann man tun?

Branchen meiden, die in hartem Wettbewerb stehen und um Pfennigbeträge feilschen.

Daraus ergibt sich weiterhin: Mieter meiden, die in Branchen arbeiten, die in hartem Wettbewerb stehen.

Außerdem empfiehlt es sich, möglichst schnell die erste Rechnung zu stellen, um zu sehen, wie es so im Allgemeinen um die Zahlungsmoral der anderen Seite bestellt ist.

Abschlagsrechnungen sind ein gutes Mittel. Sie kalkulieren dann am besten noch so, das bei dreiteiliger Abschlagsrechnung das letzte Drittel schon optional ist.

Die sicherste Bank sind langjährige Geschäftsbeziehungen, die am besten weit über das Geschäft hinausgehen.

Das ist mein Liebstes: Man ist befreundet, die Familien kommen zum Grillen zusammen und man wird quasi zusammen alt. Eine Art Geschäftsehe. Ein Geben und Nehmen. Bei meinen liebsten Business-Partnern in Deutschland und China war ich bei Trauungen und auch bei Beerdigungen dabei.

Heute ist diese Art von Business und Investments meine einzige Vorgehensweise. Kameradschaft durch dick und dünn, bei der am Kaffeetresen alle „Weltthemen" besprochen werden und man auch mal Dinge aus Gefälligkeit macht, seinen Guard lowern kann und mal einfach nur nett ist.

Hier kann man auch mal etwas pro bono machen, denn nach 30 Jahren im Business ist es auch an der Zeit, etwas zurückzugeben und immer mehr in die Mentoren-Rolle überzugehen.

Das gilt übrigens nicht nur fürs Business: Auch als Angestellter oder Beamter, als Hausfrau oder Mutter kann man ein Mentor sein. Anderen bei ihrer Entwicklung zu helfen, ist eine schöne, befriedigende Tätigkeit, denn es geht nicht immer nur um Geld.

Ansonsten hüten Sie sich bitte im Business oder bei Aktieninvestments vor Sentimentalitäten, das geht gegen die Rendite und ist sogar schädlich für ihre Psyche (siehe Sunken Cost Fallacy, Dobelli).

Wenn eine Firma schlecht zahlt oder kurz davor ist, pleite zu gehen, und sie Ihnen noch Geld schuldet, geht es nur mit Beziehungen und Druck. Hier hilft Ihnen der Ruf, ein unerbittlicher Terrier zu sein, der niemals etwas auf sich beruhen lässt.

Wie erwirbt man sich diesen Ruf?

Es reicht oft schon, konsequent zu sein und zu seinem Wort zu stehen.

Sie haben es da draußen immer mit Menschen zu tun, die gemocht werden wollen.
Sobald Sie das für sich durchbrechen, werden Sie konsequent (und frei).

Sind Sie ein Ja-Sager? Wollen Sie auch von Ihrem Frisör gemocht werden?

Bleiben Sie Angestellter!

GROßER GARY

Mein alter chinesischer Landlord-Kumpel aus Shanghai, der „große Gary", wie er von allen nur genannt wurde, weil er die schönsten und teuersten Wohnungen in der French Concession hatte, war an sich (natürlich) ein eher unscheinbarer Mann, klein, aber bissig (wir haben mal die „große" Commerzbank in die Knie gezwungen, zu zweit).

Na, jedenfalls hat er immer zu mir gesagt: „Stefan, in Shanghai you can never be rich enough."

Er hatte damals schon ein Vermögen verdient, indem er Altbauwohnungen, die von Russen und Franzosen in den goldenen 20er und 30er Jahren gebaut worden waren (teilweise im Art-Deco-Stil), billig anmietete, renovierte, aufmöbelte und wieder teuer an uns Europäer weitervermietete. Als sogenannter Second Landlord verdiente er so an einer Spanne, die bei 1.000 % lag.

Das machte er, als ich ihn kennenlernte, mit zehn bis elf Wohnungen und je länger er hier im Business war, desto mehr beschleunigte sich das und er brachte nach einem Jahr etwa ein bis zwei Wohnungen im Monat neu auf den Markt.

Shanghai hatte sich 2010 gerade von den Folgen der globalen Wirtschaftskrise von 2008 erholt und mit der typischen chinesischen Dynamik ging es schnell aufwärts.

Die Olympischen Spiele in Beijing und die Expo in Shanghai waren Riesenerfolge, denn man hatte schon fünf Jahre zuvor richtig Gas gegeben, um acht U-Bahnlinien mit insgesamt 200 Kilometern hinzuklotzen, dabei gleichzeitig alle Hauptstraßen zu verbreitern und noch einen Prachtboulevard am Bund zu erstellen – plus diverse Arenen, Stadien, Hochbrücken etc.

Die Grenze war damals weit geöffnet für ausländisches Kapital (kein Xi Jinping in Sicht), ein Wirtschaftsboom ohnegleichen, zweistelliges Wachstum, Bauboom, Millionen von Menschen, die in die großen Städte im Osten migrieren. Bei einer Fahrt aufs „Land" habe ich mal über 100 Baukräne in einem „Baugebiet" außerhalb Shanghais gezählt. Hätte ich es nicht selbst gesehen, ich hätte es nicht geglaubt.

Shanghai war bereit für zehn goldene Jahre und Gary und ich mittendrin, zusammen mit einem Haufen anderer Goldgräber.

Obwohl oder eben weil ich Deutscher bin, fragte ich Gary eines Tages, wie lange das so weitergehen kann und ob das überhaupt sinnvoll wäre, das schnelle Wachstum und die Gier nach der zweiten Million.

Und da sagte er eben diesen Satz, dass man in Shanghai niemals reich genug sein könnte.

Das stimmte zu 100 %, aber damals, in den Boom-Jahren, verstand ich nur 50 %.

Ich wusste, dass es in Shanghai keine gesetzliche Kranken-versicherung, keine (zumindest keine nennenswerte) Ren-tenversicherung, keine Arbeitslosenversicherung gab. Au-ßerdem kosteten vernünftige Kindergärten pro Kind etwa 450 Euro netto pro Monat, gute Schulen etwa 1.000 Euro.

Aber das ist nur die halbe Wahrheit von „niemals reich ge-nug", denn zum einen neigen Boom-Phasen, die auf viel geliehenem Geld beruhen, irgendwann zum Kollabieren und zum anderen tritt ein Grundgesetz des Kapitalismus hier in Kraft, das heißt: Groß frisst Klein!

Das bedeutete für Gary, dass er heute ein reicher (aber unglücklicher) Privatier ist, nachdem seine Company 2015 gekauft wurde und diese Company wiederum 2019 von ei-ner noch größeren gekauft wurde, wofür ein Seitenarm der Softbank drei Milliarden US-Dollar auf den Tisch gelegt hat. Was aber in China auch nicht unbedingt schlau ist, denn jetzt hat man garantiert die Aufmerksamkeit der Partei und die liebt es gerade, den großen Regulierer zu spielen.

Merke: Alles, was du in China erarbeitest, kann dir jederzeit wieder von der Partei genommen werden.

Eine Art absolute, kapitalistische Diktatur/Monarchie, in der es diverse Grundrechte einfach nicht gibt.

Auch deshalb fließt seit Jahren chinesisches Vermögen ins Ausland, vor allem in Länder, die es mit der Herkunft der Gelder nicht so genau nehmen, wie z.B. das Vereinigte Kö-nigreich.

Dort werden dann Immobilien erworben, die praktischerweise später von den Kindern bewohnt werden können, wenn diese dort studieren.

Chinesen glauben sehr stark an Betongold und deshalb wird die chinesische Regierung meiner Meinung nach alles tun, um eine Verwerfung auf dem heimischen Markt (Evergrande) zu verhindern.

Vertrauen, das hier verlorenginge, könnte in China schnell zum Bürgerkrieg führen. Der Chinese, den ich kennen gelernt habe, ist nicht tolerant, was Frustrationen mit Geldanlagen angeht. Geld ist heilig in China.

Nachdem zum 1. März 2022 alle religiösen Aktivitäten verboten wurden (ich habe da einen ganz guten Draht, weil mein ehemaliger Geschäftspartner William sich 2014 zur Ruhe gesetzt hat und jetzt als Pastor tätig ist), ist nun auch offiziell einzementiert, das nur noch Xi und seine Bande (denn es sind immer noch die Banden, die auf Maos Zeit zurückgehen) alle Gebote bzw. Verbote verkünden.

Am Ende bedeutet es eben, das nur sehr viel Geld einen einigermaßen guten Schutz für die Familie bietet.

In China.

In Deutschland ist das zum Glück anders.

FALSCHE BRANCHEN TEIL 2

Was ist schwierig?

Kleine Margen finde ich persönlich nicht schön, denn sie lassen zu wenig Spielraum für **Fehler, Krisen und schwarze Schwäne.**

Fehler:

Fehler des Managements (die unweigerlich kommen, da sich schon aus Gründen der Wahrscheinlichkeit nicht immer die Besten Mitarbeiter/Manager durchsetzen), Fehler in der Lieferkette (250 Schiffe im Hafen vor Shanghai durch extensiven und aus unserer Sicht sinnlosen Lockdown), Fehler in der Energieabsicherung (Abhängigkeit von einzelnen Lieferanten, zu wenig eigene Reserven und Ressourcen etc.), Fehler in der Strategie (kein Börsengang von Porsche, Hybridautos, Monsanto-Kauf etc.), Fehler im Einkauf (zu spät, zu wenig, oder umgekehrt).

Krisen:

In einzelnen Ländern, die Teil der Lieferkette sind, führen Probleme dazu, dass man vielleicht einen Teil der Produktion wieder zurück nach Deutschland oder in die USA verlagern will. Was, wenn dann die Marge so klein ist, dass es nicht mehr lohnt, oder der berühmte schwarze Schwan auftritt (siehe Nassim Taleb)?

Schwarze Schwäne:

Ein Truthahn wird ca. 1.000 Tage jeden Morgen von einem anscheinend freundlichen jungen Mann gefüttert. Alles in Ordnung, denkt sich der Truthahn – Life is great!

Bis dann Thanksgiving kommt.

Die Macht unvorhersehbarer und vermeintlich unwahrscheinlicher Ereignisse kann sich gravierend auf ein Business auswirken (nicht nur auf Truthähne).

In unserem Lernen durch Beobachtung und Erfahrung gibt es eine Zerbrechlichkeit, die wir nicht wahrhaben wollen, die aber nichtsdestotrotz vorhanden ist.

Nehmen wir z.B. die Finanzkrise 2008.

Für alle Wirtschaftswissenschaftler, Journalisten und Finanzfachleute kam sie überraschend. Ob Sie der Boss der FED waren oder ein Trader an der Wallstreet, keiner hatte etwas geahnt. Ein extremes Ereignis, das so noch nicht vorgekommen war, wie sollte sich das aus der Erfahrung voraussagen lassen? Unmöglich.

(Hinterher haben es natürlich die oben genannten Experten gewusst.)

Zudem müsste man akzeptieren, dass die Methoden zur Beurteilung von Richtig oder Falsch richtig oder falsch sein können (was besonders bei Wissenschaftlern ein bekanntes Problem ist).

Es geht also immer darum, abzugrenzen, was wir wissen und was wir nicht wissen, um damit Schaden von uns abzuwenden.

Das gleiche Prinzip wendet ja Warren Buffett mit seinem Circle of Competence an, wobei er betont, dass es am wichtigsten ist, zu wissen, wo der Circle endet.

All dies sollte man im Hinterkopf behalten, wenn man investiert oder wenn man seine Altersvorsorge plant. Noch ein Vergleich: Knorr-Bremse ist ein grundsolides deutsches Unternehmen, führend bei Bremssystemen für Schienen- und Nutzfahrzeuge. Die Nettomarge ist hier traditionell immer klein, allerdings konnte man sie über die Jahre auf ein beachtliches Niveau von 9 % steigern. Sehen wir uns im Gegensatz dazu die Nettomarge von Tech-Unternehmen wie z.B. Apple oder Microsoft an, sind wir bei 25-35 %.

Für mich bedeuten 10 % Marge übersetzt, dass dieses Unternehmen hohe Kosten hat, verursacht durch viele hochqualifizierte, aber eben auch teure Mitarbeiter, teure Produktionsstätten in Deutschland oder anderen hoch reglementierten Ländern.

Für die Mitarbeiter sind dies gute Nachrichten. Disruption ist weit entfernt. Ist das Unternehmen deswegen auch eine gute Aktieninvestition? Eher nicht.

Die Aktionärsstruktur ist unübersichtlich und das Kurs-Gewinn-Verhältnis auch nicht gut. Das Umsatzwachstum ist gering. Das sind die Parameter, die man prüfen kann, aber eigentlich reicht schon ein negativer Punkt und wie gesagt sind mein wunder Punkt niedrige Margen.

Viel Risiko, wenig Spielraum, viel Arbeit, wenig Ertrag.

Wie wir früher immer in der Werbeagentur sagten (meine letzte angestellte Tätigkeit), ist das konzeptionell eher schwach.

GUTE ENTSCHEIDUNGEN

Hier geht es um ein schwieriges Thema, denn oft weiß man ja erst hinterher, ob eine Entscheidung gut oder gar richtig war.

Gibt es überhaupt „richtige" Entscheidungen?

Bei Rot nicht über die Ampel fahren, keine Drogen nehmen, nicht stehlen – das sind richtige Entscheidungen. So weit, so einfach.

Solange man sich an die gesetzlichen Vorgaben und Grundregeln halten kann, ist der Weg klar und übersichtlich. Kompliziert wird es, wenn wir uns auf das Gebiet moralischer Entscheidungen begeben. Das ist, wie Fontane schon bei Effi Briest sagen lässt, „ein weites Feld".

Begehre ich z.B. die Frau meines Freundes, ist es im Prinzip immer noch recht einfach, da es sich im weitesten Sinne um Diebstahl handelt. Auch wenn sich das „Diebesgut" zu mir hingezogen fühlt, bleibt es falsch.

Es erzeugt Schwierigkeiten, Kummer und Verdruss und ist im Sinne einer guten Lebensführung bzw. guten Entscheidung kontraproduktiv.

Gut erkennbar sind solche Situationen am Rechtfertigungsschema: Der Ehemann war unglücklich in seiner alten Beziehung, die Frau hatte ihn nicht verdient, die Liebe hat mich überrannt, ich/wir war/en betrunken etc. pp. (siehe auch Verdrängungsschema bei Dr. Nowakowski).

Man verkauft sich die Situation und legt sich mit schönen Lügen selbst herein. Man weiß eigentlich, dass es ein Fehler ist, macht es aber trotzdem falsch.

Kann man diese moralischen Fehler vermeiden?

Solche Fehler sind normal, menschlich und werden immer wieder gemacht werden, aber es gibt verschiedene Hilfsmittel, um sie einzugrenzen.

Ich brauche immer einen Plan B und meiner Meinung nach kann ein Plan C auch nicht schaden.

Es lohnt sich auch hier, vom Ende her zu denken. Wie sagten schon die famosen Biffy Clyro: An end has a start.

Situationen, die moralisch fragwürdige Entscheidungen hervorrufen könnten, sind also immer und unbedingt zu vermeiden.

Wenn Ihnen dagegen langweilig ist und Sie in Schwierigkeiten kommen wollen – bitte schön! Nicht umsonst sagt der Amerikaner, wenn er abends mit den Jungs auf Sauftour geht: Let's get into some trouble, boys!

Beispiele für einen funktionierenden Plan B: Eine Argumentation eskaliert, Emotionen kochen hoch?

Verlassen Sie die Situation, gehen Sie aus dem Raum in einen anderen, bis sich alles etwas beruhigt hat. Oder Sie gehen nach draußen, noch besser, frische Luft klärt Ihr vernebeltes Hirn.

Oldschool-Männer wie ich gehen ja in die Kneipe, trinken zwei Bier, zwei Whisky, schauen ein bisschen Fußball (egal wer und was wo und wie spielt) und gehen dann entspannt schlendernd nach Hause. Feierabend!

Am nächsten Tag sehen Mann und Frau dann bedeutend klarer und der Streit (welcher Streit?) ist vergeben und vergessen.

Alles nicht so wichtig, wie es gestern noch schien.

Das nächste Mal haben Sie schon etwas gelernt und nehmen (auch wenn es Spaß macht) nicht den Umweg über die Kneipe, sondern kochen die Argumentation schon von Anfang an nicht so hoch, nehmen sich nicht so ernst und überhaupt nicht so wichtig. Et voilà. Happy wife, happy life! Im Beispiel mit der Ehefrau des Freundes heißt das:

Meiden Sie die Ehefrau.

Aus den Augen aus dem Sinn, ist das altbekannte Heilmittel für Sie beide.

Wie bei allen emotional anregenden Themen denkt sich ihr Hirn hier leicht in eine obsessive Spirale hinein (siehe auch Dr. Nowakowskis Ausführungen im ersten Teil).

Das passiert übrigens auch bei Handtaschen und Wildlederschuhen. Google weiß das genau und füttert sie entsprechend mit passender Werbung.

Halten Sie das aus. Nach drei Tagen lässt Sie der Algorithmus fallen und auch ihr Hirn hat ein anderes Thema gefunden.

Für den intellektuellen Leser böten sich noch weitere Strategien bei den Stoikern und anderen Philosophen an.

Allerdings: Je einfacher, klarer eine Strategie ist, desto leichter lässt sie sich durchziehen, desto weniger Energie benötige ich (siehe FDH).

Ich will keine Süßigkeiten essen, also kaufe ich keine! Ich habe wenig Schnaps zu Hause und höchstens eine kleine Dose Cola für Notfälle.

Ich gehe nicht mit 500 Euro auf die Piste und noch nicht mal mit 200. Ich gehe nicht in Läden wie z.B. Ligne Roset, Manufactum, Le Creuset, Boss, UGG oder Moncler, - Sie sind einfach zu verlockend für mich.

Ich bringe mich extra nicht zu oft in eine schwierige Situation, weil ich weiß, dass ich diese schönen Dinge in diesen schönen Läden nicht auf Dauer verteidigen kann.

Also gehe ich nicht hin.

Und wie begrenze ich übermäßige Online-Käufe?

Meine Taktik ist die, dass ich nur wenige, bestimmte Dinge online kaufe.

Toner, gebrauchte Bücher und bestimmte Puzzle für meine Frau, die es im stationären Einzelhandel nicht gibt.

Das ist alles.

Okay, zugegeben, wenn ich mal einen besonders schlechten oder besonders guten Tag hatte oder die Pandemie mir den Geist vernebelt hat, dann habe ich sozusagen als Ausnahme etwas bestellt. Einen kleinen Kompressor für die

Werkstatt, als ein Geburtstagsgeschenk an mich selbst. Indem ich hier aber das Bestellte an einen Rahmen hänge bzw. einbinde, beschränke ich meine Möglichkeiten, mehr zu bestellen.

Im Übrigen kaufe ich gerne physisch und real in Läden ein, mit denen ich hoffe alt zu werden und bei denen ich es wirklich schade fände, wenn es sie nicht mehr gäbe.

Genauso haben es meine Frau und ich auch während der Pandemie mit Kinos, Restaurants und Bars gehalten.

Wir haben unterstützt und gespendet, um die bunte und vielfältige kulturelle Nachbarschaft erhalten zu helfen. Niemand wird wohl in einer Welt ohne Kultur leben wollen.

Der Staat kann und soll hier nicht alles regeln, das würde nur wieder in Zensur enden.

Was sind die Gründe, warum ich staatliche Hilfen bedenklich finde?
Sie sind demütigend, demotivierend, machen faul und abhängig und unterwerfen den Menschen letztendlich der staatlichen Kontrolle.

Zurück zur einfachen Vermeidungstaktik.

Verschiedene meiner sparsamen und z.T. sehr vermögenden Freunde gehen sogar so weit, dass sie gar nicht erst einkaufen gehen, um eine Konfrontation mit einer möglichen Geldausgabe gänzlich zu vermeiden. Das ist sehr effektiv, aber man fragt sich doch, warum dann überhaupt noch Geld verdient werden muss, wenn man doch nie welches ausgibt.

Ich habe lange darüber nachgedacht und bin zu folgenden, ungenügenden Erklärungen gekommen. Eine mögliche Antwort war: Wegen der Kinder. Die Kinder sollen es einmal besser haben, ist die universelle Antwort seit Anbeginn der Zeit.

Eine weitere Antwort ist das Sicherheitsempfinden des Einzelnen (siehe Kapitel „Großer Gary").

Bei einigen, die ich befragt und die mir nicht recht antworten konnten, glaube ich, dass sie es selbst nicht wissen, sie aber aus dem Boot, welches dieses Einkommen erzielt, nicht aussteigen können, weil sie zum einen nicht wissen, was sie sonst machen sollen, und zum anderen auch gebraucht werden wollen. Das ist höchst menschlich, aber irgendwie auch deprimierend, weil es einem Hamsterrad gleicht. (Ist ein Hamsterrad eigentlich auch ein Teufelskreis?)

Kommen wir noch einmal zu den guten Entscheidungen zurück. Genauso wichtig wie das Vermeiden von moralisch vermeintlich schwierigen Entscheidungen ist das Suchen von guten Entscheidungen.

Wie suche ich?

Wenn ich mich in eine Position bringe, in der mir gute Dinge passieren können, dann bin ich auf dem Weg der Suche schon recht weit.

Beispiele: Ich habe 30 % Cash in meinem Aktiendepot angesammelt, um bei der nächsten Korrektur (Crash) nachzukaufen.

Verschiedene meiner erfolgreichen Immobilien-Kumpel haben während der 90er Jahre, als niemand Häuser kaufen oder bauen wollte, gekauft und gebaut zu sehr niedrigen Preisen und trotz hoher Kreditzinsen.

Natürlich konnte niemand die Nullzinspolitik von 2015 bis 2021 und somit die Inflationierung der Hauspreise, Handwerkerkosten, Baustoffpreise voraussehen, aber die grundsätzliche Positionierung, nämlich beizeiten (ein Lieblingswort meines Vaters) in den Markt zu gehen, war eine gute Entscheidung. Heute hat sich der Wert dieser Häuser verzehnfacht.

Wie geht noch der Witz mit dem Mann, der Gott bittet, einmal die Lotterie zu gewinnen?

Der Mann hat Gott jahrelang angefleht – ohne Ergebnis.

Am Ende sagte Gott: „Gib mir eine Chance, kauf dir endlich ein Los."

Wer sich in eine gute Lage bringt, wird wahrscheinlicher profitieren als jemand, der in einer komplizierten, benachteiligten Lage ist.

Die Grundbedingungen sind dabei für jeden Einzelnen gleich gut. Das Bildungssystem ist gut ausgebaut, sehr tolerant und durchlässig, sodass auch Spätstarter, Flüchtlinge/Einreisende, schüchterne Frauen, dumme Jungs und arrogante Schnösel wie ich darin zurechtkommen können.

Gymnasium ohne Geld von der Familie, Studium mit BAföG etc. Alles möglich. Erst eine Lehre machen als Handwerker, danach arbeiten und an der Abendschule studieren oder in den Lehrberuf rüberrutschen, wenn die Knochen nicht mehr mitmachen? Natürlich!

Ich sehe den Nachteil, besonders bei den Jungen, eher darin, dass sie von zu Hause zu sehr gepampert werden und man versucht, es ihnen (zu) einfach zu machen.

Jungen müssen zu kämpfen lernen, wenn sie mal erfolgreich werden sollen.

Ich kenne unzählige Fälle aus dem Freundes- und Bekanntenkreis, wo die Kinder viel zu privilegiert aufwachsen und dann natürlich einen Sinn von Entitlement (sozusagen ein verbrieftes Anrecht auf etwas) entwickeln, der niemals hilft. Bei nichts!

Während meiner Zeit auf dem Gymnasium waren einige dabei, die sich schon früh am Ende der Nahrungskette wähnten, die Erfolge im örtlichen Tennisverein genossen und mit Stolz das zum 18. Geburtstag geschenkte Golf Cabrio zur Schule fuhren.

Aus all diesen Gestalten ist nichts geworden. Sie verleben und verlieren langsam das nutzlos Vererbte.

Ist nur einer aus dem Schatten seines Vaters oder seiner Mutter herausgetreten? Ich glaube nicht.

SPARPOTENTIALE I

Versicherungen

Das wird jetzt meinem Kumpel, der als Versicherungsvertreter arbeitet, nicht gefallen, aber viele Versicherungen sind unwichtig (Sparpotential 30 %).

Sollten Sie jemand sein, der ängstlich ist, der sich ständig Sorgen macht, der nachts schweißgebadet aufwacht, weil er denkt, eine Atombombe würde neben seinem Haus explodieren, und der hinter jedem Husten eine Lungenentzündung oder Covid vermutet, dann gehen Sie am besten nicht zu Ihrem Versicherungsberater/Finanzberater oder Ähnlichem.

Hinterher haben Sie mehr Versicherungen als vorher und der Finanzberater hat Ihnen direkt einen Goldbarren aufgeschwatzt (aber eigentlich muss es abgeschwatzt heißen, denn der Berater bekommt ja den fetten Barren).

Großes Problem später: Wie werde ich einmal abgeschlossene Versicherungen wieder los?

Bei einer Unfallversicherung beispielsweise ist es nahezu unmöglich, sie zu kündigen, weil Sie ja immer die Angst haben müssten, dass Sie direkt drei Tage nach Beendigung in einen Unfall verwickelt sind (der aber statistisch gesehen nur einmal in 20 Jahren vorkommt).

Mein Rezept: Sie haben einen guten, starken Tag, Sie fühlen sich, als könnten Sie Bäume ausreißen?

Dann schreiben Sie eben schnell eine E-Mail und kündigen Sie zum nächstmöglichen Zeitpunkt. Pauschal, raus!

Nicht lange nachdenken! Solche Entscheidungen muss man schnell treffen und durchziehen.

Sonst schaffen Sie es nicht (siehe Dobelli, *Die Kunst des klaren Denkens*).

Ich habe mehrfach versucht, bestimmte Versicherungen zu kündigen, bin zu meinem Kumpel gefahren (Fehler), habe dort Kaffee getrunken (Fehler), mit ihm über die Familie geplaudert (großer Fehler) und natürlich nichts von alledem hinbekommen, was ich vorhatte. Mein Kumpel hat allerdings meinen Besuch geschätzt und ein paar Euro Verbesserungen bei verschiedenen Policen herausgeholt.

Geben und nehmen!

Welche Versicherungen sind also unbedingt notwendig?

Alle gesetzlich vorgeschriebenen, bzw. unabdingbaren.

Mehr brauchen Sie nicht.

Private Haftpflicht, Auto-Haftpflicht, Wohngebäudeversicherung.

Zur Vorsorge können sie Riester nutzen, wenn Sie das Geld für den Vertrag sowieso überhaben. Die Zulagen sind besonders bei Familien mit Kindern interessant und steuerlich lohnt es sich auch. Dass Riester ein gigantisches Konjunkturprogramm für Versicherungen war und ist (Provisionen über die gesamte Laufzeit), brauche ich nicht zu erwähnen, tue es aber doch gerne, da es heutzutage ja, wie ich schon sagte, kaum noch einen Beruf oder eine Branche gibt, der bzw. die nicht direkt oder indirekt vom Staat subventioniert wird.

Denken Sie mal drüber nach. Falls Sie dann in ihrem Freundeskreis drei Personen finden, die nicht profitieren, schicke ich Ihnen eine Flasche Jack Daniels.

Zu weiteren Versicherungen, die Ihnen angeboten werden, kann ich nur raten, dass Sie bitte einmal über den Tellerrand schauen und ihre Lage von außen betrachten.

Sie sitzen jetzt gerade in Guatemala, in Quetzaltenango vor Ihrem Haus und trinken einen starken schwarzen Kaffee. Sie sind Angestellter in einer kleinen Bank und verdienen genug zum Überleben. In ihrer Region haben ein paar große Unternehmer und das Militär die Macht (außer in den üblen Gegenden Ihrer Stadt, wo die Banden herrschen), Politik und Polizei sind häufig korrupt, also haben Sie immer Schmiergeld dabei. Gleichberechtigung gibt es nicht, weder von Schwulen noch von Frauen. Abtreibung ist verboten. Strom ist mal mehr und mal weniger vorhanden. Das nächste gute Krankenhaus ist fünf Stunden entfernt (falls sie ein Auto haben).

25 % aller, die bei Ihnen leben, wollen nach Amerika aus-
wandern, 5 % tun es jedes Jahr.

Ihr Land liegt unter anderem aufgrund der Überschwem-
mungsgefahren während der fünfmonatigen Regenzeit auf
Platz 10 der gefährdetsten Länder. (Siehe Weltrisikoindex
auf statista.de)

Muss ich noch mehr schreiben?

Dagegen Deutschland:

Sie leben in einem der friedlichsten, sichersten Länder der
Welt, außerdem in gemäßigtem Klima mit wenig Risiko für
Naturkatastrophen etc. Gerichte und Polizei sind nicht korrupt, Eigentum bleibt Eigentum, der Staat nimmt es nicht
weg, es sei denn, es dient einem höheren Wohl. Trinkwas-
ser kommt aus dem Hahn, für (unangemessen) wenig
Geld. Regenwasser fließt in einer aufwendigen, aber hervorragenden Art und Weise in der funktionierenden Kana-
lisation ab. Die Müllabfuhr kommt regelmäßig. Schule und
Studium sind gratis und für eine Ausbildung wird man sogar
bezahlt.

Man könnte seitenweise Argumente für ein gutes, sicheres
Leben in Deutschland finden. Die Basics stimmen!

Die Statistiken zeigen Deutschland unter den Top 10 oder
Top 20 in fast allen Bereichen die positiv relevant sind und
wo man zur Spitzengruppe gehören will. (Leider allerdings

auch die Statistiken für Wohnungseinbrüche pro Einwohner, Gewalt gegen Frauen, Digitalisierung/Netzausbau, Bürokratie, Steuern u.a.)

Wahrscheinlich 90 % aller, die auf der Welt leben, würden aber trotzdem das Angebot gerne annehmen, bei uns zu leben, sobald sie aus verschiedensten Gründen gezwungen wären ihr Land zu verlassen.

Was Sie also versichern wollen, kann man nicht versichern. Unglück, ausrutschen auf der Bananenschale, Liebeskummer, Krebs und Herzinfarkt, Tod.

Finden Sie sich besser schnell damit ab.

Und freuen Sie sich jeden Tag wenigstens ein bisschen, dass Sie (durch Zufall) in Deutschland leben.

BÖSE FEHLER TEIL 3

Mit dem Erfolg kommt der finanzielle Wohlstand und irgendwann nach zehn Jahren ist tatsächlich „auf Hand" reichlich Geld vorhanden und man hält die 50- oder 75 K auf dem Konto nicht mehr aus.

Luxusprobleme, sagen Sie?

Ja, aber hart verdiente Luxusprobleme erstens und zweitens Luxusprobleme, die sich, paradoxerweise, durch die Inflation noch schlimmer anfühlen (das Luxusproblem „viel Geld" wird ja eigentlich weniger).

Dann geht man los und kauft Dinge, die man nicht braucht, und Uhren, die man gar nicht trägt.

Es ist so lächerlich.

Am schlimmsten ist dieser Oldtimer-Bazillus, den ich mir bei einem meiner Kumpel eingefangen habe.

Kurz nicht aufgepasst und schon steht ein bildschönes 87er SI Cabrio vor einem, das man später, nachdem es jedes Jahr mindestens zweimal in der Werkstatt ist (Saison-Anfang und -Ende) nicht mehr loswird.

Ein Fass ohne Boden! Wenn ich den Preis pro gefahrenem Kilometer ausrechnen würde, hätte ich sofort ein Einhorn auf der Stirn. In Farbe!

Auf der anderen Seite:

Das ist doch genau die Lektion in Demut, von der ich vorhin schrieb. Es ist lächerlich, es ist teuer, es ist nervig.

Ich mache mich zum Vollhonk mit diesem Oldtimer-Hobby. Alte, reparaturanfällige Autos fahren zu wollen, wann immer man will, ist ein Wunsch, der nur in regelmäßigem Scheitern enden kann.

So bleiben auch Kontrollfreaks wie ich auf dem Teppich!

Außerdem ist so ein V8 herrlich unkorrekt. Das befreit!

FRAUEN ...

... in Investments, Firmen und als selbständige Unterneh-
merinnen gegen alte weiße Männer.

Langsam bricht nun doch das Zeitalter der Frau an. Es ist
wie ein Trend, der allmählich ins Positive dreht. Wie wenn
die erste Herbstluft kühl und frisch von Skandinavien zu
uns herüberweht.

Und es stimmt ja auch: Diese selbstbestimmte Lässigkeit,
die wir von Frauen aus Dänemark und Schweden kennen,
hält auch bei uns immer mehr Einzug.

Es dauert noch, bis auch der letzte Mann begreifen wird,
dass ab jetzt (gefühlt) die Frauen ans Ruder bzw. in die
Machtpositionen kommen, in denen sie schon sehr lange
angekommen sein sollten.

Ich hätte mir schon in den 80er/90er Jahren viel mehr
Frauen in Führungspositionen, als Tonangeber oder zumindest als gleichberechtigte Partnerinnen in Unternehmen jeder Art gewünscht. In den meisten Firmen hieß es Chef und
Sekretärin, im Film Held und weibliche Nebenrolle. Besonders die 80er waren für Frauen ein toxisches Jahrzehnt.

Nur die Mode hat den Frauen Power gegeben, mit übergro-
ßen Sakkos, mächtigen Schulterpolstern und z.T. krassen
Kampffarben.

Man muss sich das einmal vorstellen: Heterosexuelle, vorwiegend weiße Männer dominierten fast alles.

Frauen, homosexuelle Frauen und Männer und „Farbige" (PoC) konnten sich nur in Nischen einrichten. In der Mode, in Film und Fernsehen und natürlich unterm Radar als billige Arbeitskräfte in allen Bereichen.

Kindererziehung lag noch ausschließlich in der Hand der Frau. Zu Hause und bei den Profis.

Gab es überhaupt schon den Begriff bzw. die Berufsbezeichnung des Kindergärtners?

Sicher nicht!

Rollenklischees einzementiert wie kalte Füße im Eimer mit Beton!

In meiner heilen Welt auf dem Dorf habe ich davon natürlich nicht viel mitbekommen. Wie ich im Kapitel „Autarkie" ausführe, hatte meine Mutter im Haus und in der Nebenerwerbslandwirtschaft alles im Griff.

Mein Vater ist jeden Morgen um fünf aufgestanden und nach dem Frühstück auf die jeweilige Baustelle in Hamburg gefahren. Meine Mutter hat um fünf den Holzofen angefeuert, Frühstück gemacht und ist danach in den Stall, um die Tiere zu füttern, auszumisten u.ä. Ich wurde dann um sieben schulfertig losgeschickt und anschließend machte meine Mutter Frühstück für meine Großeltern, die mit uns im Haus lebten.

Ich habe meine Mutter also immer als gleich stark gegenüber meinem Vater gesehen. Die beiden waren offensichtlich ein gutes Paar und jeder hatte reichlich Power.

Hätte meine Mutter aber einen Job annehmen können, außer als Magd, also frei nach Wahl? Nein!

Hat mein Vater die freie Wahl gehabt? Im Prinzip ja!

Allerdings hätten mein Großvater und meine Großmutter ihn in der Schule lassen müssen und nicht schon mit 14 auf den Hof eines großen Bauern zum Arbeiten und Geld verdienen schicken dürfen. Dadurch war er in der Weiterbildung doch recht eingeschränkt.

Auf meinem Gymnasium war auch scheinbar alles okay – starke Frauen überall! Englisch-, Deutsch-Leistungskurse wurden von fähigen Frauen geleitet, wir hatten Unterricht mit Frauen in Französisch, Sport, Erdkunde, Geschichte und Politik. Nur die sogenannten Naturwissenschaften waren eine Männerdomäne.

Natürlich befanden sich in den Leitungsfunktionen allesamt alte weiße Männer! Das ist heute doch bedeutend anders. Von den Lehrerinnen über die Lehrerausbildung, Dezernentin bis zum Kultusministerium und auf der Bundesebene – überall sind Frauen stark vertreten.

Und wenn wir den Trend ansehen, dann wäre es nicht unwahrscheinlich anzunehmen, dass in 10-20 Jahren bis zu 70-80 % des gesamten Bildungssystems in weiblicher Hand sind.

Mich freut das! Was verpassen wir denn? Die alten weißen Männer der Führungsetage meiner Schule waren:

1.) wegen sexueller Belästigung zu uns versetzt,

2.) Alkoholiker,

3.) in Ordnung und fähig.

Arrogante, selbstgerechte und chauvinistische Arschlöcher waren sie alle drei!

Es sieht für ältere Außenstehende jetzt manchmal so aus, als ob Frauen plötzlich in der Überzahl wären, obwohl sie doch bloß 50 % aller Stellen besetzen. Denken Sie als Beispiel an den kleinen Herrn Maas – gefühlt ist unsere neue Außenministerin doppelt so oft zu sehen, oder? Das Gute ist, dass wir uns sehr schnell an das neue paritätische Bild gewöhnen werden und in spätestens einem Jahr fragt keiner mehr danach.

Denken Sie aber das nächste Mal, wenn Sie wählen, auch daran, dass Parteien wie die CDU/CSU und die FDP in ihrem Frauenanteil erst bei etwas über 22 % sind, während Linke und Grüne schon über 50 % sind und die SPD immerhin schon bei 41,7 % (Wiki Bundestag).

Auch hier geht Skandinavien vorweg: In der Top 7 der Länder mit dem größten Frauenanteil in europäischen Länderparlamenten sind alle Skandinavier inkl. Island enthalten (Statista).

In den Firmen ist der Weg z.T. allerdings noch weit. Noch 2019 wurde die neue Doppelspitze bei SAP von Feuilleton bis Wirtschaftsressort, von Spiegel bis FAZ frenetisch gefeiert, weil es eine Frau, zwar zusammen mit einem Mann, aber immerhin, an die vermeintliche Spitze geschafft hatte. Jennifer Morgan galt als Role Model und Superstar – ein Interview jagte das nächste. Natürlich war sie hübsch – auch so ein Mythos, der ad acta gelegt gehört! Aber was war das Ganze denn in Wirklichkeit? Nur ein PR-Gag. Sechs Monate nach all dem Wirbel ist die Frau weg und der – auch noch wesentlich jüngere – Mann darf bleiben. Da haben die alten weißen Männer in Form von Hasso Plattner wieder zugeschlagen. Plattner, bei dem mir seine offizielle Betitelung als Prof. Dr. hc. mult. schon alles sagt, was ich über ihn wissen muss, ist bald 80 Jahre alt und kein bisschen bereit, zurückzutreten. Das ist wahrscheinlich das größte Problem: Durch die Erfolge in der Medizin, die hervorragenden Ernährungsmöglichkeiten und die angeborene Resilienz der Nachkriegsgeneration haben wir es mit einem Haufen zäher, alter Männer zu tun, die sobald nicht abtreten werden, sondern uns allen stattdessen wohl noch jede Menge Kummer bereiten werden (Xi Jinping, Trump, Putin usw.).

Hinzu kommen bei SAP Produkte, die laut meinem Kumpel, der ständig damit arbeitet, immer schlechter werden. SAP ist also kein Kauf und hören Sie bitte auch nicht auf Ihren

Bankberater, der Ihnen etwas von deutschen Blue Chips vorsäuselt. Er hat sich vermutlich nie in Tiefe damit befasst (warum auch) und arbeiten wird er ja auch nicht damit. Die Gleichung Bank = Geld = Expertise über Geldthemen ist nicht korrekt.

Wie Peter Lynch in seinem Bestseller *One up on Wallstreet* schon bemerkt: „Sie haben einen Vorteil, wenn Sie ihre eigenen Erkenntnisse und Erfahrungen, Ihr Wissen aus Beruf und Hobby nutzen."

Aus meiner Shanghai-Zeit, und ich sollte wohl besser sagen: aus unserer Shanghai-Zeit, denn meine Frau und ich haben das Projekt „Arbeiten und Leben im Ausland" zusammen angeschoben und durchgezogen, kann ich nur Positives über die Zusammenarbeit mit Frauen auf allen Ebenen berichten.

Im Bereich Automotive sind in China (noch) fast nur Männer in Führungspositionen. Ebenso bei Stahl. Aber schon bei den entsendeten Mitarbeitern von Bosch und Siemens oder im Bereich Finance, Lebensmittel oder Chemie ist das Bild schon anders. Bei Symrise z.B. habe ich nicht einen Mann im Headoffice in Shanghai gesehen.

Eine grundsätzliche Benachteiligung von Frauen im Wirtschaftsleben in Shanghai war nicht zu beobachten und würde auch nicht zu der Power passen, mit welcher Chinesinnen gesteckte Ziele verfolgen.

Shanghai ist natürlich nicht China, sondern nur der fortschrittlichste Ort, an den alle diejenigen kommen, die Ihren kleinen dörflichen Strukturen entfliehen müssen: Frauen, die ansonsten verheiratet werden, Priester, die ansonsten verhaftet werden, und Bauern, die in Armut bleiben würden. Shanghai ist und bleibt bisher der Ort mit der größtmöglichen Freiheit für Männer und Frauen und das gilt auch für die Ausländer, die nach Shanghai kommen.

Ich habe dort selbst etwas aufbauen können, nachdem ich zunächst an der Jiaotong-Universität Chinesisch gebüffelt habe, mich allerdings nach drei Monaten geschlagen geben musste, weil ich nach dem Erlernen von 300 Schriftzeichen einfach nicht mehr weiterkam. Ich habe mich daraufhin mit anderen Expats zusammengetan, einen Privatlehrer engagiert und auf die Sprachbereiche konzentriert, die man zum täglichen Leben und in beruflichen Situationen braucht – wie alles in China tailor made, aber bezahlbar.

Für zwei der Frauen aus meinem Chinesischkurs habe ich dann später die Webseiten für deren Business erstellt, Konzepte gegengelesen und Zielgruppen definiert.

Beide Freundinnen sind erfolgreich in ihr jeweiliges Business gestartet, waren gut vorbereitet und kamen aus Angestelltenverhältnissen in großen, global agierenden Konzernen. Die Firma meiner Freundin Sophie hieß „made to match" und befasste sich mit dem günstigen Einkauf von

Stoffen und dem anschließenden tailor made Nähen-Lassen, um dann das fertige Produkt, später weltweit, zu verschicken.

Der Kunde wählt vorher ein Muster und eine Farbkombination für seine Feierlichkeiten aus und dann werden, z.B. für eine Hochzeit, Kleider und Anzüge mit passenden Krawatten und Schleifen und dazu passende Hussen und Tischdecken sowie insgesamt darauf abgestimmte (made to match) Dekorationen produziert, was der Feierlichkeit einen schönen, gleichmäßigen und edlen Rahmen gibt.

Die Idee stammt aus den USA, ist aber in Asien besser umzusetzen.

Ihr Business lief also gut an, bald musste meine Freundin Hilfe einstellen, um die Arbeit zu bewältigen.

Tja, und dann kam weder die KP noch ein Konkurrent noch eine Corona-Krise oder Ähnliches dazwischen, sondern DAS Thema bei Frauen und Karriere: Kinder.

Sophie bekam ihr erstes und musste alles etwas zurückfahren. Danach, in den folgenden drei Jahren, noch zwei weitere, so dass trotz Ayi (chinesisch für Tante und meint eine Haushaltshilfe) und extra Putzfrau das Firmenprojekt ziemlich ins Hintertreffen kam. Später zogen Sophie und ihr Mann nach Seattle weiter, wo sie das Projekt dann ganz aufgab, und heute sind sie, die Kinder und ihr Mann in Holland und Sophie arbeitet wieder in einem großen Unternehmen (Teilzeit als „kleine" Angestellte).

Je größer das Unternehmen, je fortschrittlicher aufgestellt mit Betriebsräten, Compliance-Abteilung etc. es ist, desto einfacher ist es, Kinder in die Karriere zu integrieren.

Die andere Variante ist es, die Kindererziehung in den Mittelpunkt zu stellen und dann als Halbtagskraft in den Beruf zurückzukehren. Hier ist der Verdienst vielleicht nicht gut, weil Sie irgendwo in der Nähe Ihres Hauses beim nächsten Steuerberater als Assistenz oder im Empfang anfangen, aber Sie kommen raus und haben Arbeit und Abwechslung. Das kann ein Kompromiss sein. Ich habe schon mal gesagt, dass man nicht alles haben kann, aber dass man immer das Beste aus der jeweiligen Situation machen kann. Schließlich muss man sich ja als Mann und als Frau fragen lassen, warum man drei Kinder in die Welt setzt, aber dann keine Zeit mit ihnen verbringt, weil man der internationalen Karriere nachrennt.

Als Boss einer kleinen mittelständischen Firma, als Schulleiterin oder in einer anderen Position in einem Unternehmen, wo nur viele Stunden Arbeit zum Erfolg führen, weil wirklich alles zu jeder Zeit gemanagt werden muss, zu delegieren schwer möglich ist, weil keine Führungsebenen und Strukturen vorhanden sind, da wird es schwierig.

Es ist nicht unmöglich, wie verschiedene Freundinnen von mir in ähnlichen Positionen immer wieder zeigen, aber ein Mann hat es heute noch immer einfacher.

Ist das aufzulösen?

In Ansätzen vielleicht, durch Vollzeit-Kitas wie in Frankreich (École Maternelle) schon ab drei Jahren und Männer, die ihren Part in der Partnerschaft gewissenhaft übernehmen und alle Register von Elternzeit bis hin zum freiwilligen Verzicht auf die Karriere ziehen.

So habe ich in Shanghai einer interessanten Gruppe von Männern angehört, den sogenannten Guy Tais.

Der Name ist abgeleitet vom chinesischen Wort für Ehefrau: Tai Tai. Wir waren eine Gruppe von zunächst sechs und später dann 30 Männern, die allesamt mit ihren Frauen nach Shanghai gezogen waren und dort dann die Kindererziehung (sofern vorhanden) übernahmen, während die Frauen das Geld verdienten.

John, einer unserer Jungs aus Großbritannien, ist wesentlich älter als seine Frau und beschloss so, dass er genug vom Arbeitsleben hatte und seine Frau ruhig noch ein paar Jahre bei einem Ableger von Rio Tinto Karriere machen könnte. Michaels Frau war bei GM Vice President, während er ein Patent zur Gewinnung von Wasser aus Luft hält und ansonsten die Kinder zur Schule bringt, sie bei den Hausaufgaben betreut und sich in einem der Boards für eine Charity-Aufgabe engagiert (Amerikaner eben).

Er und seine Frau haben abgemacht, dass er sich um das Patent und eine diesbezüglich noch zu gründende Firma nach der Rückkehr in die USA kümmern wird.

Ein anderer unserer Gruppe, der mit seiner Frau zusammen 20 Jahre lang eine Werbeagentur in New York betrieben hatte, hat schlicht festgestellt, dass seine Frau viel lieber arbeitet als er, und so hat man gemeinsam die Entscheidung getroffen, dass sie weiter Karriere macht und er sich um die Kinder und alles andere kümmert.

Ohne einen gewissen Grad an Verzicht geht es nicht.

Glücklich zu sein, mit dem Partner, mit der Karriere, mit Familie und Freunden, kommt gewissermaßen auch durch Reduzierung auf das Wesentliche.

Wie geht das?

Ich stelle nüchtern fest, was in diesem Moment für mich das Wichtigste ist, und handele danach. Ob das konform geht mit dem aktuellen Rollenbild oder mit dem, was die Eltern, Geschwister, Nachbarn, Kollegen und der Chef erwarten, muss zweitrangig bleiben. Dieses eine Leben, das Sie wahrscheinlich bekommen haben (obwohl der buddhistische Gedanke an Wiedergeburt tröstlich ist), muss von jedem Einzelnen selbständig gelebt werden. Da müssen Kompromisse ausgehandelt und umgesetzt, verworfen und neu definiert werden – ein fortwährender Prozess.

Im Prinzip funktioniert das nach dem im Aktienbereich von anderen und mir favorisierten Prinzip Buy, Hold und Check. Ich kann nur raten, dass Sie wie meine Kumpels von den Guy Tais klare Absprachen treffen. Wer macht was wie lange und wie wird er oder sie dafür entlohnt?

Wenn eine Seite Karriere macht, muss auch die andere Seite daran finanziell beteiligt werden.

Meine Frau hat mir während unserer Shanghai-Zeit jeden Monat per Dauerauftrag einen festen Betrag überwiesen. Dann gibt es keine Diskussionen und es muss nicht gebettelt werden – obwohl meine Frau das bestimmt witzig gefunden hätte: ich mit gesenktem Kopf am Sonntag vor ihr stehend und nach Haushalts- und Taschengeld fragend, was ja in vielen chinesischen Familien tägliches Programm ist. Einer meiner chinesischen Businesspartner, Weir Li, meinte mal dazu: Er ist der großartige Tiger in der Familie, aber seine Frau ist der Tierpfleger mit dem Knüppel.

Ich sehe also eine Beziehung als Zugewinngemeinschaft von Anfang an und nicht erst am Ende, wenn sie in die Brüche geht und die Scheidung droht.

Es sollte hier zum einen regelmäßig ein fester Betrag fließen und zum anderen dauerhaft von Anfang an in ETFs und andere Produkte zur Altersvorsorge investiert werden. Partnerschaftliche finanzielle Parität und Offenheit sind essentiell. Meine Frau und ich treffen die Entscheidungen für oder gegen Immobilienprojekte zusammen. Es stimmt, ich bin zwar so etwas wie das Mastermind, das rechnet und plant, abwiegt und beurteilt, aber meine Frau hat immer Vetorecht und überhaupt muss ich sie als Allererste überzeugen.

Mit ihrer weiblichen Intelligenz nimmt meine Frau Schwingungen auf, hört Zwischentöne und riecht förmlich, wenn etwas nicht stimmt.

Das sind im Prinzip die Topeigenschaften, die man laut Chris Voss als FBI Hostage Negotiator haben sollte (siehe *„Never split the difference, negotiating as if your life depended on it"*).

Nimmt man jetzt noch Fleiß dazu und die Bereitschaft, früh aufzustehen und wenig zu schlafen, dann braucht es eigentlich nur noch eine Zutat und fertig ist die perfekte Chefin, Abteilungsleiterin oder Außenministerin:

den Willen zur Gewalt gegen Männer ...

Wie geht das?

Viele Männer sind aus ihrer Evolutionsgeschichte heraus einfach gestrickt und haben sich zum Teil auch nicht so weit von den Affen fortbewegt. Sie schlafen zwar meistens schon in Betten und sind auch schon ziemlich stubenrein, aber im Grunde genommen, wie E. Kästner schon sagt, noch immer die alten Affen.

Ich rate Frauen nun immer, dies knallhart auszunutzen.

Wie der Tiger mit dem Knüppel werden Männer mit Gewalt dressiert, zum Teil mit sanfter Gewalt, durch immer fortwährendes Erinnern an Tugenden, Ermuntern zur Reinlichkeit, Verteilen von Belohnungen beim Befolgen von Ratschlägen usw.

Frauen können da sehr subtil vorgehen. Nicht wenige Männer werden so zum Teil von ihnen unbemerkt über Jahre zu besseren Menschen erzogen.

Hier mal ein offizielles Dankeschön von meiner Seite!

Danke auch deshalb, weil mir heute in Verhandlungen oft schon diese soften, durcherzogenen Männer begegnen, die doch recht einfach zu beherrschen sind.

Die subtile, langfristige Erziehung von Frauen wirkt Wunder auf Familien, Männer und ganze Belegschaften.

Wird Frau dadurch schon zur Chefin?

Nein!

Der Machtanspruch für die Spitzenposition braucht ein Netzwerk von Förderern und Mentoren. Und natürlich viel Selbstvertrauen!

Wenn Sie gefragt werden: „Trauen Sie sich diese Position denn überhaupt zu?" (eigentlich eine Beleidigung), dann antworten Sie als Frau wahrheitsgemäß, realistisch nüchtern, ohne männlichen Überschwang und zählen alles auf, was noch zu beachten ist, wo Hindernisse liegen usw., obwohl doch ein einfaches „Ja, sicher!" gereicht hätte – dann sehen Sie schon das Dilemma.

Weniger ist mehr!

Der affenartige, einfach gestrickte Mann neigt zur Overconfidence, traut sich grundsätzlich erstmal alles zu, obwohl er bei genauem Hinsehen oder Nachdenken vielleicht feststellen würde, dass er überfordert oder sogar ungeeignet ist. Aber er denkt ja nicht darüber nach, sondern geht schon durch die Anfrage davon aus, dass die Sache geritzt ist.

Als Frau machen Sie es sich und anderen zu kompliziert, wenn Sie immer auf alle Fragen absolut wahrheitsgemäß und ausführlich mit genauer Abwägung nach einzelnen Unterpunkten antworten wollen.

Das wird überhaupt nicht verlangt! Das delegieren Sie an ihre untergeordneten Mitarbeiter.

Führung heißt, Widersprüche auszuhalten und nicht zu reagieren, Fragen auch mal nichtssagend und dadurch letztlich gar nicht zu beantworten (typischer Politiker-Stil), Forderungen von anderen nicht immer ernst zu nehmen, Verträge grundsätzlich als Diskussionsgrundlage zu betrachten und auch mal Dinge auszusitzen (Learning from the best: Angela Merkel, Elizabeth II.).

Außerdem lernen Sie ja hoffentlich von den Männern, die diese Position, die Sie bekommen sollen oder haben wollen, vorher schon innegehabt haben. Wie ich schon sagte, bringen Sie als Frau ja schon alles im Überfluss mit, plus Fähigkeiten im Zwischenmenschlichen, die nur wenige Männer je erreichen werden.

Aber Selbstvertrauen muss her und Selbstzweifel müssen raus.

Werden Sie in der U-Bahn oder auf der Straße angerempelt oder in einer Schlange vorm Kassenhäuschen übergangen? Das geht nicht, da müssen Sie an Ihrer Haltung, Kleidung und am gesamten Auftreten arbeiten. Niemand nimmt Mädchen in bunten Kleidern ernst, es sei denn, die sind 80 Kilogramm schwer und austrainiert.

Haltung kann man mit dunklen Jacketts unterstreichen.

Außerdem: Size matters! Immer! Je größer, desto besser! Seriös sind dunkle Farben, aber sollten Sie Ihr Standing dann irgendwann gefunden haben – Ihre klare Stimme, Ihre aufrechte Haltung –, dann können Sie tragen, was Sie wollen (siehe auch Merkel und die Queen).

Auf Ihrem Weg nach oben und auf Ihrem Weg nach Hause werden Sie von Männern angepöbelt werden. Das ist so, denn Männer sind so. Das müssen Sie nicht nur aushalten und ignorieren, da müssen Sie lernen, Paroli zu bieten. Daran führt kein Weg vorbei, sonst bleiben Sie immer das kleine Mädchen.

Einfachster Weg: zurückpöbeln!

(Denken Sie daran, Männer sind einfach gestrickte Affen.)

Mit Anlauf dem Gegenüber verbal ins Kreuz springen. Vollgas! Keine Angst, kein Zögern!

Konsequentes, lautes Auftreten. Kein Gelaber! Kurz und klar sein.

Das kann alles trainiert werden. Da draußen gibt es Coaches wie mich, für alle Bereiche: Kopf bzw. Psyche, Muskeln, Haltung, Kleidung, Manieren.

Auch Männer könnten besser sein, wenn sie hier in die eigenen Fähigkeiten investierten.

Denken Sie daran: Sie sollen den Kampf nicht aktiv suchen, aber Sie dürfen auch nicht zurückziehen, wenn es so weit ist.

Hinterher sparen Sie sich den „Moralischen", wie meine Freundin Claudi immer sagt. Das bringt nichts und macht Sie nur klein und unsicher.

Noch etwas: Top-Positionen sind immer Einzelgänger-Positionen. Niemand mag Sie und es wird garantiert keiner vorbeikommen und Sie loben. Ist es Ihnen egal? Haben Sie einfach Lust darauf, zu bestimmen und der Motor zu sein, ohne den das ganze Schiff auf der Stelle dümpelt oder richtungslos herumtreibt?

Dann los! Worauf warten Sie?

DREI SCHNELLE WEISHEITEN FÜR ZWISCHEN-DURCH

1.) *Räum dein verdammtes Zimmer auf!*
2.) *Shoot to kill.*
3.) *Geld auf Hand!*

Räum dein verdammtes Zimmer auf:

Wenn Sie eine unordentliche Wohnung oder besser eine kleine Wohnung, denn Kosten sind die Bitch, haben und Sie schaffen es nicht, dort Ordnung zu halten, werden Sie niemals erfolgreich sein. Mit nichts!

Haben Sie Ihre Ehe/Beziehung, Ihr Verhältnis zu Mutter/Vater nicht in Ordnung – dasselbe.

Langfristig werden Sie nur Erfolg haben, wenn das sogenannte Umfeld stimmt. Wo und wie Sie wohnen, mit wem und in welchem Viertel, alles beeinflusst Ihre Persönlichkeit und Ihr Wohlempfinden jeden Tag. Eine gute Nachbarschaft, Freundschaften, die regelmäßig gepflegt immer wertvoller werden über die Jahre, werden Ihnen einen so großen Benefit bringen wie sonst kein Investment.

In einem Top-Umfeld können Sie leichter und länger erfolgreich sein.

Ich habe gefühlt 100 Leute gesehen, die zeitweise erfolgreich und glücklich waren und denen später aus Achtlosigkeit, Overconfidence oder allgemeiner Dummheit die Ehe, die Freundschaften und auch die gute Nachbarschaft um die Ohren geflogen sind. Bei manchen sogar zwei- oder dreimal.

Machen Sie nicht die gleichen Fehler, werden Sie kein Lothar Matthäus oder Boris Becker.

Shoot to kill:

Hören Sie auf, herumzutänzeln! Konzentrieren Sie sich auf das Wesentliche. Einige Menschen, auch Unternehmer, machen viele Dinge ein bisschen.

Das kann unter chinesischen Umständen erfolgreich sein, wenn Sie von einem Moment auf den anderen in einer anderen Branche arbeiten müssen, weil es Ihre Branche so nicht mehr gibt (KP rulez).

Da macht das Konzept vieler chinesischer Unternehmer Sinn, mehrere Dinge gleichzeitig zu betreiben und auch branchenfremde Geschäfte zu machen, Geld zu verleihen und natürlich immer in Immobilien zu investieren.

Wir haben in Deutschland den Luxus, uns auf ein Geschäftsmodell fokussieren zu können, und wenn es denn nach drei Jahren immer noch nichts abwirft (Faustregel: nach drei Jahren sollten Sie dreimal so viel verdienen wie Ihren bisherigen Angestelltenlohn), dann ziehen Sie weiter und machen das nächste Ding oder lecken Ihre Wunden und kehren erstmal zurück zum Angestelltendasein (falls Sie es denn überhaupt aufgegeben haben).

Geld auf Hand:

Alles Geld, das Ihnen der Chef bei der nächsten Lohnerhöhung verspricht oder das der neue Kunde/Partner mit Ihnen verwirklichen möchte, das Tante Erni Ihnen zu vererben gedenkt, das an Boni „normalerweise" ausgezahlt wird, das das Finanzamt noch nicht dreimal durchgekaut und absolut endgültig beschieden hat, wovon die Gemeinde/die Stadt/der Landkreis/der Bund noch nicht den Zehnten erhalten hat, das Ihre Frau und die Kinder, der Hund und die Dame vom Flötenunterricht, die Exfrau und Exkinder noch bekommen werden, das die FED und die Inflation und am Ende eben auch Ihre verdammte Gier nach Anerkennung (weshalb es nun doch der Porsche mit dem großen Motor und dem Sportpaket sein musste) vernichtet haben, haben Sie nicht und werden Sie nie haben.

Deshalb zählt nur, was man „auf Hand" hat, wie mein extrem vielseitiger Geschäftspartner Wang Yue mal gesagt hat (über den ich dringend ein Buch schreiben müsste, weil wir so viele hammer-absurd witzige und unglaubliche Storys zusammen erlebt haben in den Klondike-Jahren, „damals" um 2009/10 in Shanghai).

Der Landlord will 20.000 auf Hand, verstehst du Stefan?

Äh, nein.

Mach keine Sorge, ich rede mit ihm.

Okay!

WHEN THE HORSE IST DEAD ...

Dieser berühmte Spruch geht wohl auf den Stamm der Dakota-Indianer zurück und ist ja an sich völlig logisch, wird aber trotzdem in vielen Business-Bereichen, besonders in großen Unternehmen, nicht befolgt.

Und da haben wir ein, finde ich, sehr deutsches Phänomen. Etwas ist offensichtlich zu Ende und man hält trotzdem daran fest.

Warum ist das so? Natürlich kommt hier zum einen der Sunken-Cost-Fallacy-Effekt zum Tragen, den Dobelli, Kahneman u.a. schon oft beschrieben haben, dem zufolge es sehr schwierig ist, sich zum Beispiel von Aktien zu trennen, die unter den Einstandskurs gefallen sind.

Man sagt sich dann im besten Fall, na gut, bin ich halt kein Spekulant und doch ein langfristig orientierter Anleger. Man wartet und hofft auf Besserung (siehe Abwehrstrategien bei Dr. Nowakowski vorne im Buch).

Geduld ist eigentlich ein guter Faktor an der Börse. Aber was ist, wenn sich fundamentale Dinge geändert haben, wenn Krieg ist und Währungen kollabieren, Werke schließen usw. oder das Geschäftsmodell disruptiert wird? Nehmen wir an, WhatsApp wäre mit einer Funktion ausgestattet, die es dem User erlaubt, Geld zu verschieben, von User zu User, auch um Rechnungen zu bezahlen, dann natürlich, um in der Bar per QR-Code zu bezahlen, Nebenkosten zu überweisen etc. Eine App, mit der sie ja sowieso schon zwei Stunden täglich verbringen, würde als Bezahlplattform auf einmal sinnvoll. Jedenfalls wäre es notwendig, vielleicht eine Kreditkarte wie Mastercard zu hinterlegen. Was würde mit Visa passieren und umgekehrt? Oder Meta (dem WhatsApp, Facebook, Instagram gehören) würde selbst einen Bankzweig ausbauen, was vermutlich am profitabelsten wäre. Dann wären andere Banken raus. Wozu bräuchten Sie dann noch Ihre Volksbank/Sparkasse, wenn Sie alle Zahlungen über WhatsApp abwickeln?

Wie so eine Disruption genau aussieht, kann niemand sagen. Die Eigendynamik ist immens und gefährdet Regierungen. So ist es kein Wunder, dass Tencent, dem WeChat gehört, eine ähnliche Chatplattform wie WhatsApp, nur mit mehr Möglichkeiten, von der chinesischen Regierung massiv angegangen wird. Der Geist ist hier schon aus der Flasche und ob man den wieder einfängt, ist fraglich.

Wenn sich also Gewohnheiten verändern und Gewissheiten verschwinden, z.B. durch technische Innovation oder Krisen (Corona, drei Stürme in einer Woche, Krieg), sollten Sie nicht auf Ihrem toten Pferd sitzen bleiben. Alle, die immer noch Lufthansa-Aktien kaufen, sind, wie Kostolany sagen würde, Hasardeure, unverbesserliche Zocker (Lufthansa ist seit über 25 Jahren an der Börse und hat 7 % gemacht – minus!).

Natürlich kann sich die Aktie von fünf auf zehn Euro verdoppeln, aber sie kann sich auch halbieren. Nur weil etwas 50 oder 70 % unter Höchstkurs (ATH) zu haben ist, heißt das nicht, dass Sie kaufen sollen. Werden Sie nicht zum Schnäppchenjäger.

Noch eine Weisheit ...
There is no free lunch!

Wenn die Deutsche Bahn am Anfang der Zugfahrt von München nach Bremen kostenlos Schokolade verteilt, soll das nicht nur aufgebrachte Kunden besänftigen. Haben Sie übrigens bemerkt, dass die Zugbegleiterin häufiger mit der Schokolade kommt, wenn es Probleme im Bahnbetrieb gibt?

Der wahre Grund für die Schokolade liegt viel tiefer. Spätestens zwei Stunden nachdem Sie die Schokolade gegessen haben, ist Ihr Insulinspiegel so weit gesunken, dass Ihr Körper nach mehr Zucker ruft. Konsequenz: Sie gehen ins Bordbistro und generieren einen für die Bahn beträchtlichen Zusatzumsatz. Denken Sie an die Skalierung: Die Bahn ist unter den Top 5 aller Systemgastronomen in Deutschland. Zurück zur Lufthansa: Dass deren jetziges

Businessmodell schlecht ist, brauche ich wohl nicht zu erklären (Marge, Kosten etc.). Aber natürlich wäre Disruption hier eine Bombe und falls Sie das sehen können (Antrieb mit X-Stoff, Autopilot, doppelte Geschwindigkeit), dann sollten Sie tatsächlich Lufthansa-Aktien bei fünf Euro kaufen. Sie sehen, im Prinzip ist alles möglich, auch das Gegenteil, wobei wir wieder bei den Businessweisheiten der zehn Weisen wären.

Der aufmerksame Leser fragt sich aber jetzt, warum ich geschrieben habe, dass besonders Deutsche dazu neigen, an Dingen/Situationen/Gedanken festzuhalten, obwohl sie offensichtlich vorbei/tot/unsinnig usw. sind. Nun, erstens fehlt uns häufig die Außensicht. Wir haben Schwierigkeiten, über den Tellerrand zu schauen. Da ist zum einen das Problem, dass viele (deutsche Manager in Shanghai z.B.) denken, sie könnten nichts von anderen Ländern und Leuten lernen, weil diese nicht so zivilisiert sind. Ich nenne das den Kolonialisten-Irrtum. Wer hat das Rad erfunden, Nudeln, Schießpulver usw.? Sicher kein Deutscher.

Wer hat die Automobilität revolutioniert und alle etablierten Firmen in einen Kampf gezwungen, den diese weder wollten noch vorausgesehen haben?

Elon Musk!

Zum besseren Verständnis stellen Sie sich vor, dass abends um acht an Ihrer Tür ein Ringer in seinem Strampelanzug steht und Sie herausfordert.

Natürlich ist Elon ein Genie, nur kann er sozusagen nicht nur ringen, sondern exzelliert in vielen Sportarten.

Da haben wir den nächsten Punkt, der zum Tellerrand-Problem passt. Ein typisch deutscher Angestellter in einer Firma kann eine Sache gut. Er hat eine gute Ausbildung erhalten, danach wurde er übernommen, ist vielleicht sogar in der Abteilung aufgestiegen usw.

Amerikaner z.B. haben ja dieses ganze strikte Ausbildungssystem gar nicht und die Chinesen springen von einem Job zum anderen. Branche egal, Hauptsache mehr Geld. Let's face it – wir sind nicht so flexibel. Es gilt als verpönt, seine Meinung zu ändern und Fehler zu machen. Es fängt in der Schule an. Einzelkämpfer streben nach der einen richtigen Antwort.

Ein großartiger Unternehmer geht alle falschen Antworten durch und sucht die aus, die im Moment am besten funktioniert. Different Mindset.

Und dann muss ich natürlich abschließend noch ein paar Worte zum deutschen Doom & Gloom verlieren. Glas halb voll ginge ja noch, aber immer ist alles gleich eine Katastrophe, stürzt man sich von der Brücke, hört Schuberts Winterreise oder den kaputtesten Depri-Metal, dann verkriecht man sich (wie in der Pandemie gesehen), versauert auf dem Sofa und bemitleidet sich selbst.

Und das im besten Land der Welt. Das kann doch wohl nicht wahr sein!!

Bekommt man den Hang zur schlechten Laune eigentlich in die Wiege gelegt, liegt es am Wetter oder was ist das Problem? Ich muss immer weinen, wenn ich zum Bäcker gehe und die Bäckereifachverkäuferin ist missmutig verschnupft, die Mundwinkel hängen bis runter zum voll gekrümelten Boden, und ich denke: Warum? Es duftet nach leckerem Kuchen, frisch gebackenem Brot. In der Auslage liegen köstlich glänzende Plundern und cremige Himbeerteilchen. Herrlich! Göttlich!

Welcher Anblick könnte das Herz (und den Magen) mehr erfreuen?

Wie kann ich es hier schaffen, nicht tänzelnd, lächelnd, strahlend hinter dem Tresen zu schweben? Frohlockend in all der Pracht! Ich glaube, wir machen es uns zu schwer, denken zu viele negative Sachen, hängen an der Glotze, anstatt rauszugehen und das Leben, das Wetter, egal welches, zu genießen. Es ist eigentlich einfach. Wie sagte schon Herbert: Doch wir machen's uns nicht leicht.

ANMERKUNGEN ZUR DIVERSIFIKATION

Diversifikation ist nur für Anfänger.

Warum?

Wenn ich mich mit Investments oder Unternehmen im Einzelnen oder mit einem speziellen Business auskenne, also ein sogenannter Experte in einem Bereich bin, dann kann ich natürlich mehr investieren, weil ich Risiken und Chancen besser einschätzen kann.

Zum Beispiel: Ein Bauunternehmer, der schon 200 Häuser gebaut hat und, sagen wir, seit 20 Jahren auf dem Markt ist, wäre so ein Experte für das Bauen von Häusern. Er sollte sich ganz darauf konzentrieren (wenn er erfolgreich sein will, heißt das). Für diesen Bauunternehmer wäre es ein Fehler und auch Wahnsinn, wenn er auch noch in Aktien investieren würde und meinte, er würde hier eine hohe Rendite erzielen. Oder er investiert in ein Import-Business von, sagen wir, Kaffee. Sobald er anfinge, seine Kraft und Expertise aufzuteilen, würde es bergab gehen.

Und genauso verhält es sich mit der Diversifikation. Wenn ich ein Anfänger-Investor bin, muss ich diversifizieren, weil ich zu wenig von allem weiß, um mich auf eine Aktie zu konzentrieren. Für einen Profi jedoch bedeutet jede Aufspaltung des zur Verfügung stehenden Kapitals einen Verlust.

Beispiel:

Mit meiner diversifizierten Anlage-Strategie (siehe Kapitel Aktienportfolio nach Markenstärke) habe ich in den letzten fünf Jahren circa 88 % Wertzuwachs erzielt. In meinem Aktienportfolio befindet sich auch Apple (10 %). Hätte ich nur Apple gekauft und alle anderen Aktien weggelassen, hätte ich jetzt über 300 % Wertzuwachs. Hätte ich im gleichen Zeitraum nur Tesla gehalten, wären es über 1.600 %.

Aber wie gesagt: Hier ist der Unterschied zwischen Profi und Anfänger.

Zum Status des Anfängers noch meine zwei Cents als Gründer von verschiedenen Businesses. Man gilt die ersten sechs Jahre als Anfänger, wenn man ein Business neu gründet. Das ist die Faustregel. Und man ist nach sieben Jahren nicht automatisch ein Profi. Kurzfristig kann jeder sehr erfolgreich sein. Eine meiner Ex-Bezirksleiter-Kolleginnen aus meiner Zeit bei Schlecker hatte es geschafft, innerhalb eines Jahres ihre Zahlen, vor allem Personalkosten, Diebstahl- beziehungsweise Inventurdifferenz und den Absatz bei Aktionsware, deutlich zu verbessern. Nachdem sie allerdings nach zwei Jahren befördert wurde und ein neuer Bezirksleiter ihre Stelle übernahm, wurde deutlich, dass sie bei jeder Zahl geschönt beziehungsweise manipuliert hatte. Durch Umlagerungen (Buchung, Verschleppung), Eingreifen in die Inventur und konsequentes Unterbesetzen von Läden.

Selbst wenn man nicht manipuliert, können ein-, zwei-, dreijährige Erfolge reinem Glück geschuldet sein. Aber wie z.B. der Bauunternehmer über 20 Jahre erfolgreich abzuliefern, das ist die Messlatte.

Siehe Lynch, Buffett, Pabrai, Munger und nicht Cathie Woods plus diverse YouTube-Stars …

AUTARKIE UND SELBSTBESTIMMTES LEBEN

Was ist Autarkie?

Ich wuchs in einem kleinen, verschlafenen Nest in der niedersächsischen Tiefebene in den 70ern auf. Es gab damals auch schon Kriege auf der Welt (22 Stück von 1970-80, über die aber nicht so viel berichtet wurde) und Ölpreise, die astronomisch waren.

Öl verteuerte sich von 1970 mit 1,21 US-Dollar pro Barrel kontinuierlich bis 1980 auf 35,52 US-Dollar (Statista). Das entspricht einer Steigerung von über 2.800 %.

Zum Vergleich: In den letzten zehn Jahren blieb der Ölpreis gleich. Das Barrel kostete 2011 und 2012 genauso viel wie heute.

Aus Kriegen hielt sich die BRD damals weitestgehend heraus und als Antwort auf horrende Ölpreise machte man einen autofreien Sonntag, an dem Leute mit Fahrrädern auf Autobahnen herumgondelten (das wäre heute natürlich ein Influencer-Instagram-Fest!!).

Wir hatten mit den Krisen zu Hause nicht besonders viele Probleme, weil das Auto nur benutzt wurde, wenn es zum Transportieren von Menschen oder Sachen über lange Strecken gebraucht wurde. Ansonsten stand das Auto (ein alter /8) in der Garage und fraß sozusagen kein Brot. Auf dem Dorf fuhr man Fahrrad oder ging zu Fuß (Öffis gibt es da übrigens immer noch nicht).

Weiterhin hatten wir eine Ölheizung, die alt war und viel verbrauchte. Im Gegensatz zu heutigen Heizungen allerdings nicht auf Störung ging, keine Ersatzteile brauchte, weil sie nie kaputt war und nur von ca. November bis März angeschaltet wurde. Es wurde mit der Heizung eben nur geheizt, wenn es nötig war. Für heißes Wasser in der Küche und im Badezimmer hatte man Durchlauferhitzer. Das ist nach wie vor sehr effektiv, war allerdings aufgrund hoher Strompreise irgendwann nicht mehr en vogue, vor allem als ich zum Teenager wurde und zusehends viel Zeit im Bad verbrachte. Überhaupt hatten, für uns ganz normal, nicht alle Räume automatisch eine Heizung und manche Räume, wie das Schlafzimmer, hatten zwar eine Heizung, die durfte aber nicht aufgedreht werden (unter Strafe verboten, mein Vater war da strikt). Lieber gab es im Winter Wärmflaschen für alle, was mein Vater aber natürlich wegen Verweichlichung ablehnte.

Die Hauptwärmequelle für unser Haus war ohnehin der Holzofen in der Küche, auf dem natürlich auch gekocht wurde. Es gab zwar einen Elektroherd, aber von dem wurde hauptsächlich der Ofen benutzt. Meine Mutter war eine gute Köchin, aber eine großartige Bäckerin. Der Ofen lief gefühlt jeden Tag und wenn ich von der Schule kam, roch es im ganzen Haus verführerisch nach Kuchen oder frisch gebackenem Brot.

Jeden Morgen fuhr ich mit dem Fahrrad zur Schule (neun Kilometer Weg). Das war üblich. Buskinder galten in meiner Gang als verweichlichte Bettnässer.

Wenn ich also nicht mit der Gang Fahrrad fuhr, hackte ich nachmittags Holz (im Winter, weil es warm machte) oder half bei der kleinen Landwirtschaft, die hauptsächlich meine Mutter betrieb. Da musste Gras gesenst und mussten Rüben gehäckselt werden. Schweine fressen gern und viel und Kraftfutter war immer schon teuer und musste sparsam verwendet werden, sonst lohnte sich die Aufzucht von Schweinen nicht. Den Irrsinn eines sogenannten Weltmarktes für Schweine oder landwirtschaftliche Produkte gab es damals natürlich nicht. Weltmärkte sind das Gegenteil von Autarkie und jede Betätigung darin dient nur Leuten, die skalieren können.

Wir hingegen verkauften die regelmäßig vom Ferkel bis auf 25 Kilogramm herangezogenen Schweine an den örtlichen Viehhändler (natürlich gab es dabei Schnaps), der sie an einen Mastbetrieb weiterverkaufte, der die Schweine dann bis zur Schlachtreife brachte.

Ab und an, wenn es sich anbot, schlachteten wir selbst ein Schwein, das wir (früher ganz normal) komplett verarbeiteten. Ich wurde dazu auserkoren, das Blut zu rühren. Eine recht ekelhafte Tätigkeit, aber für Blutwurst unerlässlich. Außerdem schmeckte mir schon immer jede Art von Schweinefleisch oder Wurst, daher musste ich wohl oder übel helfen, auch wenn mir regelmäßig von dem warmen Blutgeruch schlecht wurde.

Rindfleisch war damals auch schon teuer, also wurde das nur zu besonderen Anlässen aufgetischt. Zusätzlich zum Schwein gab es regelmäßig Gemüse aus dem eigenen Garten. Ich bin vor kurzem auf Fotos in einem alten Album gestoßen, die zeigten, dass der Gemüsegarten meiner Mutter etwa 80 x 20 Meter hatte und darin alles zu finden war, was man unter Gemüse versteht, inklusive weißem Spargel, auf den meine Mutter sehr stolz war und der ihr manche Probleme bereitete.

Wie heutzutage Hipster-Pärchen ohne Kinder hatten meine Eltern auch Hühner, die allerdings, anders als bei den verweichlichten Hipster-Pärchen, von meinen Eltern geschlachtet und gegessen wurden. Meine Mutter hatte dafür extra ein kleines, sehr scharfes Beil, mit dem sie beherzt zuschlug. Mein Vater hatte die Aufgabe, das Huhn auf dem Block zu halten. Außerdem hatten wir Gänse, die wir gerne ärgerten und die garstig zurück ärgerten, und natürlich auch Enten und Kaninchen. Manch einer wird sich jetzt nach meiner längeren Einleitung fragen: Was haben die überhaupt eingekauft?

Das kann ich genau sagen:

Einmal in der Woche fuhren meine Mutter und ich (wenn ich durfte) mit dem /8 zum Einkaufen zum Edeka in den nächsten, sieben Kilometer entfernten Ort.

Später, als in der Nähe ein Aldi eröffnete, wechselte meine Mutter zweiwöchentlich dahin, weil es dort wesentlich günstiger war. Sie gab später sogar Teile ihres Gemüsegartens auf, weil sie fand, dass zum Beispiel die Erbsen von Aldi nicht schlechter schmeckten und dazu noch günstig waren.

Ich kann mir auch vorstellen, dass zeitliche Aspekte dazukamen. Die Nebenerwerbslandwirtschaft, das Kochen und Backen, der Haushalt mit den Schwiegereltern mittendrin, Putzen, Staubsaugen, Abwaschen, Bügeln, der Gemüsegarten etc. ergaben 15-Stunden-Arbeitstage. Da kam ihr eine mögliche Verkleinerung des Gemüsegartens wohl ganz recht.

Es wurden also nur Hygieneartikel plus Mehl, Backpulver, Zucker, Butter, Margarine, Kaffee und Filter (vielleicht auch mal ein Comic für mich) eingekauft. Milch kam frisch und unbehandelt vom Kuhbauern nebenan, Marmelade wurde selbst eingemacht. Wasser hatten wir auch eigenes durch einen eigenen Brunnen, der je nach Jahreszeit viel oder auch wenig Wasser lieferte.

Also galt auch hier: Sparsam sein! Gerne mal den Waschlappen benutzen. Baden am Samstag, drei Leute hintereinander in dasselbe Badewasser.

Wer sich jetzt ekelt, dem sage ich: Wir waren nie krank. Nie! Wir waren so viel wie möglich draußen, immer in Bewegung und diese sogenannte mangelnde Hygiene hat uns nur abgehärtet. Mein größtes Problem nach den Sommerferien war, dass ich wieder Schuhe anziehen musste. Für die Schule!

Ein möglichst autarkes Leben hat also immer mit Freiheit zu tun, aber auch mit viel Arbeit. Beides ist für mich zu einem Grundgesetz geworden. Freiheit, Arbeit, Unabhängigkeit, sparsam sein. Noch nicht einmal immer Verzicht. Ich verzichte ja nicht auf etwas, wenn ich nicht vor dem Fernseher sitze, sondern bis neun Uhr abends im Garten bin. Ich verzichte nicht auf etwas, wenn ich keinen industriell hergestellten Dreck fresse. Man muss verschiedene Dinge konsumieren, um zu leben, aber meine Maxime und die meiner Eltern war immer: So wenig wie möglich. Es ging dabei natürlich immer um Sparsamkeit, aber es ging auch immer darum, die größtmögliche Freiheit und Unabhängigkeit zu erreichen oder zu behalten. Je mehr ich konsumiere, desto abhängiger werde ich. Egal ob wir Gas oder Öl nehmen, Lebensmittel oder Konsumgüter wie Möbel, Autos, Handys etc.

Je mehr ich davon haben will oder sogar brauche, desto mehr muss ich die Meinung, Einstellungen und Regeln desjenigen, der mir diese Dinge gibt, akzeptieren. Je mehr ich konsumiere, desto mehr muss ich mich auch den Anweisungen desjenigen unterwerfen, der mir Arbeit gibt beziehungsweise mir Geld gibt. Wes Brot ich ess, des Lied ich sing. Deshalb finde ich es auch höchst bedenklich, dass immer mehr Menschen Jobs im öffentlichen Dienst oder als Beamte anstreben und immer mehr Menschen in Betrieben arbeiten, die auf irgendeine Art und Weise an Anweisungen von Regierungen und ihren Regulierungsmonstern wie BAFA und KfW gebunden sind, z.B. Rüstung, Auto, Bau, Landwirtschaft, Wissenschaft, Bildung, Erziehung.

Welche Bereiche beziehen denn noch kein Geld vom Staat? Autarkie hat also mit einer Grundeinstellung zu tun, die allerdings umso einfacher umzusetzen ist, je sparsamer man lebt.

Dass ein sparsames Leben automatisch Ressourcen wie Energie, Wasser, Lebensmittel schont, ist dabei ein positiver Nebeneffekt.

Was kann also der Einzelne sofort tun? Ich schlage vor, mit dem Einfachen zu beginnen, was leider, wie sich immer wieder zeigt, das Schwierigste ist. Gewohnheiten müssen dafür überwunden werden und das heißt, ich muss es regelmäßig tun, bis es mir in Fleisch und Blut übergegangen ist (siehe vorne bei Dr. Nowakowski).

Einfachste Dinge, um sparsam zu leben:

1. Die Heizung herunterdrehen oder am besten ausschalten.

Erst einmal sehen, wie kalt es sich wirklich anfühlt. Danach kann man entscheiden: Ziehe ich zusätzlich etwas Wärmeres an oder mache ich mir einen Tee oder vielleicht ein Glas mit heißem Wasser? Das klingt jetzt erst mal abwegig für viele, war aber unsere tägliche Realität in Shanghai. Unseren ersten Winter dort verbrachten wir in einer Wohnung ohne Heizung. Bei den Nachbarn haben wir uns abgeguckt, wie man damit umgeht. Heißes Wasser trinken hält warm und ist sehr effektiv, weil man ja nicht die ganze Wohnung heizen muss.

Außerdem hilft natürlich warmes Essen, so oft wie möglich und so unterschiedlich wie möglich. Was bei Aktien gilt, gilt erst recht bei der Ernährung: Breit gestreut, nie bereut. Mein Businesspartner William sagte mir dazu, dass in seiner Provinz (Henan) empfohlen wird, 50 verschiedene Dinge jeden Tag zu essen, dann bliebe man gesund. In China ist es üblich, sich „gesund zu essen", denn Arztbesuche sind teuer und nicht von einer Versicherung gedeckt, so dass man extrem viel Wert auf ausgewogene, gesunde Ernährung legt. Die Begrüßung mit „Hast du schon gegessen?" (chifan ma?) ist legendär. Ich versuche seitdem, 50 verschiedene Dinge pro Tag zu essen, und scheitere beinahe täglich. Vielleicht ist meine norddeutsche, sparsame Erziehung hier im Weg.

2. Kälte spüren.

Ich gehe nicht so weit wie Wim Hof und mache Eisbaden und Ähnliches, aber der Effekt, den Kälte und frische Luft auf den Körper und das Gemüt haben, ist unglaublich positiv, wie ein Blitz, der den Körper durchfährt und mit frischer Energie versorgt. Morgens kaltes Wasser ins Gesicht und dann nach draußen ist das beste Rezept gegen Müdigkeit, Immunschwäche, depressive Verstimmung, sogenanntes Long Covid und anderes (hier helfen besonders die Atemübungen nach Wim Hof). Außerdem wird sich Ihre Wohnung warm anfühlen, wenn Sie zurückkommen.

3. Bewegung hält warm

Sitze ich stundenlang am Rechner, friere ich irgendwann, weil ich nicht mehr so gut durchblute. Da hilft irgendwann auch kein heißes Wasser mehr, sondern nur aufstehen und bewegen! Tanzen Sie, machen Sie Kniebeugen oder auch Armdrücken mit den Kollegen. Haben Sie Spaß! Spaß ist kostenlos und hält warm! Sex sowieso.

Die einfachsten Dinge sind die wichtigsten Dinge: Mit dem Fahrrad zur Arbeit fahren.

Wer sagt, dass man nur fünf oder zehn Kilometer mit dem Fahrrad zur Arbeit fahren kann?

Irgendwelche Steuerpauschalen und billiger Sprit haben viele Menschen faul und auch krank werden lassen. Bequemlichkeit ist im Grunde eine Krankheit. Sie ist evoluti-onsbedingt in uns verankert, aber wir müssen sie aktiv be-kämpfen, denn sie führt nicht nur zur körperlichen Verfet-tung und Erkrankung, sondern auch zu geistiger Verfet-tung. Bewegung, Reisen und viele verschiedene Menschen zu treffen, erhält uns jung und frisch in Hirn und Körper. Ich rede nicht von denjenigen, die den Aufzug nehmen, um im zweiten Untergeschoss an einer Rudermaschine Sport zu machen. Das ist im Endeffekt auch nur Konsumquatsch, der meistens auch noch mit aktivem Posten auf sogenann-ten Social-Media-Kanälen verbunden ist, auf denen sich ir-gendwann nur noch die Kranken und Unglücklichen tum-meln werden.

Sparsamkeit und Unabhängigkeit sind ein Lifestyle, der nicht jedem liegt. Viele sind zu schwach, wollen um jeden Preis gemocht werden, wollen beeindrucken und auch blen-den. Natürlich ist niemand gerne ein Außenseiter. Wir sind soziale Wesen, die in Gruppen funktionieren. Einsamkeit führt auch nur in die Krankheit. Hier gilt es also, eine Ba-lance zu finden, wie überall, ob Investition, Ernährung, Ar-beit und Freizeit.

Wie komme ich in eine gute Balance?

Ich versuche zunächst, auf mich selbst zu hören. Mein Kör-per und mein Geist geben mir unablässig Hinweise. Verdauung, Schlaf, Hautbild, Haare, Schmerz sind alles Indikatoren für Gesundheit, die sich in Balance befindet oder nicht.

Wie höre ich mich? Ich brauche Ruhe. Kontemplation schafft vielleicht ein erstes Erkennen. Der Lärm und die Störungen müssen raus, damit Ruhe einkehren kann.

Ich lege mich manchmal mit einem unbeschriebenen Heft und einem gelesenen oder ungelesenen Buch aufs Sofa. Ein bis drei Stunden. Kein Handy, kein Fernsehen, kein Telefon, keine Zeitung. Manchmal schreibe ich etwas auf, was mir in den Kopf kommt, manchmal lese ich etwas, manchmal sitze ich oder liege ich einfach und lasse mich gedanklich treiben. Manchmal male ich scheinbar sinnloses Zeug oder mache Listen, um meinen Gedankenapparat erst zu entleeren. Manchmal höre ich Musik, lege eine Platte auf, schaue mir das Cover an. Denke an meine Kindheit, meine Eltern und Freunde, die gestorben sind. Komme zu den einfachen Gedanken zurück. Zu der Freude, dass man lebt. Erleben darf. Demut.

Das ist immer ein guter Punkt, um neu zu starten (vgl. Dr. Nowakowski).

Dann rausgehen, spazieren gehen, Dinge neu sehen, Dinge genau sehen: Architektur, Armut, Müll, Dreck, Gewalt, Angst, aber auch Blätter, die rascheln, Kinder, die rennen, Wind, der um Hausecken pfeift. Wenn ich dann nach Hause komme, bin ich wieder näher bei mir. Einen ähnlichen Effekte hat Gartenarbeit, Zimmeraufräumen, Kochen und Backen. Meine Frau puzzelt. Was auch immer Sie tun, machen Sie es, ohne auf die Uhr zu sehen, ohne Handy. Sie werden dadurch nur unruhiger, verwirrter, schlechter gelaunt.

Ruhe und Autarkie kommen nicht von allein und doch muss ich anmerken: „Tue nichts und alles wird getan sein" (Laotse). Balance lässt sich nicht unbedingt aktiv herstellen. Ein Mindset zu entwickeln, erfordert Erfahrung, tägliche Übung und ein gewissermaßen grundsätzliches Akzeptieren. Dinge passieren oder auch nicht, sind nicht per se gut oder schlecht. Was wir machen können, ist, allem positiv entgegenzugehen, solange wir die Kraft haben (Ergänzungen siehe bei Marcus Aurelius, Dobelli u.a.).

RENTENLÜCKE?

Was ist die sogenannte Rentenlücke und stimmt dieses Konzept des „Ich muss mich zusätzlich unbedingt absichern" überhaupt (noch)?

Für mich hat das Wort „Rentenlücke" nie Sinn gemacht. Ich dachte immer, getreu der Hausmeister-Shanghai-Matrix: Wo läuft der Fuchs? (manche sagen auch: Cui bono?).

In diesem Fall schien mir das Ganze ein Konzept der Versicherungsbranche zu sein, um noch mehr Kies zu generieren. Der Riester-Wahnsinn mit zweiprozentigen Bearbeitungsgebühren (jährlich) plus Abschlussgebühren hatte anscheinend nicht für genügend Reichtum bei den Beratern und Versicherungen gesorgt. Da müssen Ferienhäuser abbezahlt werden etc. Man kennt das ja.

Kann denn eine Lücke entstehen? Ja.

Nehmen wir an, ich bekomme 2.000 Euro brutto über 45 Jahre von meinem Arbeitgeber als Gehalt, dann würde ich ungefähr 1.300 Euro Rente erhalten. Genaue Berechnungen weichen sicherlich ab, weil viele Faktoren, u.a. Ausbildungszeiten, Kinderbetreuungszeiten, Krankheit und mögliche Arbeitslosenzeiten, die Rentensumme beeinflussen. 2.500 Euro brutto sind etwa 1.700 Euro netto bei Steuerklasse 1, ohne Kirchensteuer. Die Kirche in Deutschland hat eh genug, würde ich sagen, da muss man nicht auch noch Kirchensteuer hinterherwerfen.

Nun fassen wir zusammen. Ich bin also mit 2.500 Euro brutto an 1.700 Euro netto gewöhnt und soll später in der Rente 1.300 Euro erhalten. Wo ist das Problem?

Dass ich mit 28 Jahren jedes Wochenende auf die Piste gehen will und teure Hobbys wie Snowboard fahren oder Motorrad fahren ausübe und dabei dann unweigerlich jeden Monat knapp bei Kasse bin, das ist normal. Aber mit 70? Oder 80? Für den Bridgenachmittag mit den noch verbliebenen nicht so senilen Freunden reicht ein kleines Taschengeld (es sei denn, es wird um Kohle gezockt). Mit 75 noch auf Weltreise gehen? Schlechte Idee! Thrombose, my friend! Zusätzlich werden durch ständiges Wasserlassen-Müssen sogar kurze Busreisen zum Albtraum. Das sind eben die Dinge, die Ihnen kein Versicherungsvertreter, Finanzbeamter, Banker usw. erzählt. Sie werden zu alt und gebrechlich sein, um das Geld ausgeben zu können. Nehmen wir allein mal die Kosten für Lebensmittel. Selbst wenn sie mit 70 nur noch Bio und regional vom Markt usw. kaufen, wird sich in Ihrem Portemonnaie keine Lücke auftun. Sie essen dafür einfach zu wenig. Wer das hier liest und ca. 50 Jahre alt ist, weiß schon jetzt genau, wovon ich rede. Im Gegensatz zu Ihren 30er Jahren essen sie nur noch die Hälfte. Ich saß mal während meiner Zeit in Shanghai mit einem der Brüder vom singapurischen Developer einiger großer Shanghai Compounds zusammen. Er wollte mich kennenlernen, um mir mal auf den Zahn zu fühlen. Jedenfalls mochte der mich und meine wohl recht unkonventionelle Art und wir verabschiedeten uns schnell von den Themen Bau und Architektur, Mietpreise etc. und sprachen bald über den Sinn des Lebens (an einem Samstagnachmittag um zwei). Und das heißt in Shanghai natürlich: Wie viel Geld braucht man? Soll man über 50 noch arbeiten?

Er meinte dann: „Stefan, I eat like a sparrow. When I was young, I could eat three bowls of noodle soup. I was so strong! Now I eat almost nothing."

Das hat mich nachdenklich gemacht. Ich war damals 45 und er 58.

Wenn ich also aus gesundheitlichen Gründen nicht mehr so viel und so weit reisen kann wie jetzt, wenn ich nur noch die Hälfte von dem esse, was ich jetzt mit 53 esse, wenn mir ein Porsche GT nichts mehr bringt, weil ich einfach nicht mehr die Nerven habe, ihn schnell zu fahren (ich will kein alter Mann sein, der langsam Porsche fährt), wenn ein Teil meiner Freunde tot ist und die Partys immer seltener und langweiliger werden, ist man doch eher geneigt zu fragen, wozu man überhaupt noch Geld benötigt.

Die Krankenversicherung ist gratis und das ist ja wohl meine Hauptbeschäftigung, zum Arzt zu gehen, um den Verfall des Körpers zu verlangsamen oder wenigstens schmerzlos zu machen.

Habe ich also vielleicht im Alter gar keine Rentenlücke, sondern einen Rentenüberschuss? Und heißt das nicht auch, ich müsste eigentlich vorher gar nicht so viel verdienen bzw. arbeiten? Vielleicht. Ich halte nichts von Social-Media- oder Internet-Trends und -Hypes wie Frugalisten und Fire. Das sind auch nur Wege für die Hipster, sich im Kreis zu drehen.

Wie ich schon im Kapitel „Autarkie" erläutert habe, waren meine Eltern sparsame Leute. Mein Vater hatte nach insgesamt 50 Arbeitsjahren 1.600 Euro Rente und meine Mutter 200 Euro Grundsicherung. Die Arbeitgeber, für die meine Mutter gearbeitet hat, als sie 18 bis 30 Jahre alt war, haben allesamt nicht vollständig in die Rentenkasse eingezahlt. Dieser Beschiss kam in den 40er/50er Jahren häufiger vor, deshalb reichte es nicht für eine Art Rente.

Merke

Arme, unwissende Leute werden in dieser Welt und der nächsten immer gefickt sein.

Jedenfalls konnten meine Eltern von der Rente sehr gut leben und circa 20.000 Euro ansparen, bevor sie dann ins Heim mussten, weil sie zu dement waren, um im eigenen

Haushalt zu bleiben. In den folgenden zwei Heimjahren bis zu ihrem Tod schmolz dann das Angesparte ab. Trotz Pflegestufe kostet so ein Heim nun mal circa 1.000 Euro im Monat pro Person plus 300 Euro für Medikamente an die nächste Apotheke. Da weiß man dann mal, wer außer den sogenannten Immobilienentwicklern noch an diesen Aufbewahrungsstätten für Alte und Kaputte verdient.

Es blieb also am Ende kein Geld übrig und da würde ich sagen, das ist doch perfekt. Alles in Balance, Kreis geschlossen.

So ist das, wenn es optimal läuft.

Falls mein Vater früher verstorben wäre, hätte es für meine Mutter finanziell schlechter ausgesehen. Nehmen wir mal an, ich hätte ihr nicht helfen können, weil ich vielleicht gerade ein Business gegründet oder mitten in der Investment-Phase von einer Unternehmung gesteckt hätte (oder pleite gewesen wäre, für Selbständige auch nicht ungewöhnlich), dann wäre sie mit ihrer Grundsicherung plus Witwenrente bei etwa 800 Euro gewesen (grobe Schätzung, da recht kompliziert). Bei abbezahltem Eigentum machbar – doch was, wenn meine Mutter zur Miete gewohnt hätte? Grundsicherung betrifft auch Miete.

Aber die Nebenkosten? Heizung wird übernommen, aber was ist mit Strom?

Sie sehen schon: Eine Abwärtsspirale der Abhängigkeit und Bedürftigkeit tut sich auf. Das kann vielen Menschen Angst machen und deshalb wird die Vorsorgelücke vielleicht doch real.

Sorgen Sie also vor: Kleine Wohnung, wenig Kosten, Rücklagen für alle Fälle, rechtzeitiges Investieren in Aktien und immer einen Plan B in der Tasche haben.

Im Falle meiner Mutter:

Hätte Sie, seit sie 30 war, jeden Monat einen Betrag von 50 DM, später 25 Euro, zurückgelegt (heute nennt man das Sparplan) und z.B. in einen Aktien-ETF investiert (durchschnittliche Rendite ca. 7 %), dann wären an ihrem 60. Geburtstag 29.236 Euro, an ihrem 70. 61.788 Euro und an ihrem 80. 110.823 Euro daraus geworden.

Als Extrasicherheit nicht schlecht, oder?

SPARPOTENTIALE II

Nebenkosten

Ich gehe davon aus, dass Sie schon alles auf LED umgestellt haben und so für ihre Beleuchtung schon mal 80 % weniger Strom benötigen. Eine Brennwerttherme haben Sie auch schon (bis zu 30 % weniger Gasverbrauch). Die Umwälzpumpe ist neu, hocheffizient und läuft auf Minimum oder ist ganz raus, weil sie nicht unbedingt notwendig ist.

Wie oft benötigen Sie sofort heißes Wasser am Tag?

Exakt.

Einen Holzofen haben sie auch schon, entweder im Flur oder im Wohnzimmer, jedenfalls zentral im Haus oder in der Wohnung. So kommen sie, wie ein Freund von mir, mit den Heizkosten auf null.

Wie das?

Mein Freund fragt einfach Leute, die Wald besitzen (wie ich), ob da was herumliegt, das er kostenlos abräumen kann. Und siehe da, durch Sturm, Borkenkäfer und Trockenheit liegt immer mehr Holz herum, das nicht professionell verarbeitet werden kann. Auch bei Forstbetrieben werden nur die geraden Abschnitte der Bäume verwendet – der Rest bleibt liegen.

Straßenmeistereien sägen im Herbst Bäume aus. Auch hier kann man fragen. Oder Holz sammeln im Staatsforst (allein in Niedersachsen etwa 300.000 Hektar)?

Fragen im Forstamt kostet nichts.

Falls Ihre alte Ölheizung den ganzen Sommer nur zum Erwärmen des Wassers durchläuft, sind sie noch ganz am Anfang. Wie wäre es mit Durchlauferhitzern, die über ihre Photovoltaikanlage mit Strom versorgt werden? Dann könnte die Heizung aus.

Einsparungen und kreative Lösungen sind doppelt und dreifach gut. Fürs Klima, fürs Portemonnaie und für ihr gutes Gefühl.

Mein neues Projekt: Balkon-Solar.

Kleine Photovoltaikanlage im Plug-and-play-Modus für 900 Euro. Einfach um die Grundlast tagsüber zu decken.

Das lohnt sich besonders beim Homeoffice.

DIE ZEHN WEISEN AUS DEM AKTIENLAND

Warren Buffett

The best investment you can do, is invest in yourself.
Warren Buffett meint mit diesem Investment die immer-
während Weiterbildung, lebenslanges Lernen.

Peter Lynch

There is always something to worry about.
Siehe z.B. die 70er Jahre, als es auch schon den Dreiklang
aus Krieg/Ölkrise/Inflation gab.

Er meint, dass solche Entwicklungen zwar einen Einfluss
auf die Börse haben, aber nicht vorhergesehen werden
können und deshalb kein Grund sind, sich über Investments Sorgen zu machen.

Außerdem kann der Einfluss negativ oder auch positiv sein.

The magic number of compounding is the 26.

Verdoppelung in drei Jahren bei 26 % Rendite jährlich ist die magische Zahl, die Mohnish Pabrai mit seinen Investments erzielen will.

Of all the deadly sins, jealousy is the deadliest.

Auf der 2010 Berkshire Hathaway Hauptversammlung sagte er dann nochmal: „Envy is a really stupid sin because you can never have any fun doing it."

Und Buffett ergänzte daraufhin: „But you can have a hell of a weekend with lust and gluttony."

No is the most powerful word in a negotiation.

Erfahrene Verkäufer wissen: Nein ist das wichtigste Wort im Verkaufsprozess (und zwar für beide Seiten).

Nassim Taleb

Wir kennen das bekannte Unbekannte, aber Vorsicht vor dem unbekannten Unbekannten.

Denken Sie immer an mögliche schwarze Schwäne (auch in Australien).

Daniel Kahneman

We are much better storytellers than we are logicians.

Taleb und Kahneman machen uns klar, wie wenig wir wissen und wie unlogisch wir handeln.

Robert Kiyosaki

Always know the difference between assets and liabilities.

Ein Haus, in dem man wohnt, ist kein Asset.

Breit gestreut, nie bereut.

Selbsterklärend, gilt nicht nur für Aktienportfolios, sondern auch für komplette Vermögensportfolios (allerdings: Sicherheit kostet Rendite).

Verlieren kann nur derjenige, der hoch kauft und tief verkauft.

Kosto ist der Beste.

Außerdem gut für Investoren und für ein glückliches Leben:

Charlie Munger

Low expectations. The secret to everything from marriage to stocks.

Ich brauchte 50 Jahre, um das zu begreifen.

Andrew D. Huberman

Addiction is progressive narrowing of the things that bring you pleasure.

Siehe unser Verhältnis zu TikTok, Instagram, WhatsApp, YouTube etc.

KLEINES GLOSSAR

Self Serving Bias

Schuld haben immer die anderen! (wenn es schlecht läuft)
Aber wenn es gut läuft ist man selbst und nur alleine ver-
antwortlich. (der Beste, Größte, Schlaueste usw.)

Mikromanagement

Fehlendes Vertrauen in die Fähigkeiten von anderen kann
zum Kontrollwahn führen. Trotzdem wird man als Füh-
rungskraft im Prinzip nur Dinge delegieren, die einem egal
sind.

Angst und Panik

Stellen Sie sich vor, Sie befinden sich auf Kalimantan (In-
donesien) und im Unterholz sehen Sie etwas, das entfernt
an Streifen in Braun, Rot und Weiß erinnert.
Vielleicht haben Sie Glück... und es ist kein Tiger.
Angst wird Ihnen in diesem (einzigen) Moment helfen,
durch vermehrt produziertes Adrenalin und Noradrenalin
mehr Leistung zu bringen und somit schneller und länger
zu laufen.
Panik ist noch schlimmer und wird Sie vielleicht zu gar
nichts bringen, als paralysiert stehenzubleiben.
Religion hilft jetzt auch nicht.

Zeitreisen wären eine sinnvolle Erfindung, denken Sie, bevor der Tiger seine Pranke auf ihren Kopf legt.

Stress

Bei plötzlichem Sichten eines Tigers ist Stress bzw. die Ausschüttung von Hormonen die angesagte, evolutionstechnisch erprobt beste Lösung.

In allen anderen Situationen gilt das eher nicht.

Denken Sie daran: Auswirkungen von Stress sind unabsehbar in ihrer Verkettung von Stoffwechsel, diversen Hormonen und Altlasten, wie Traumata und genetischen Prägungen.

Das wird von vielen Ärzten nicht umfassend begriffen, sodass der Gang zum Arzt vielleicht eher zur Verschreibung eines Präparats zur Verbesserung von (wahlweise) Verdauung, Stuhlgang, Schlaf, Psyche, Herzfrequenz, Zucker, Haut, Schmerz führt, aber die Korrelation mit den anderen Punkten noch gar nicht umfassend erforscht ist bzw. sogar negativ sein kann.

Der Weg liegt hier eher im Entgiften und Ausruhen (Fasten, Stille).

Krypto

Ist wie ein Blatt im Wind, wie eine Währung ohne Land, ein kleiner Klugscheißer ohne Schutz vor (und von) einem großen, bösen Kerl.

Gold

Ist schön und schwer. Man meint, die Anstrengung zu spüren, die es gekostet hat, es aus dem Boden zu holen.

Ist es ein lohnendes Asset (Investment)?

Nein, weil es keinen Cashflow produziert.

Hedge

Absicherung, die hohe Renditen verhindert, weil Sie immer wieder die besten Einstiegskurse verpassen.

In einer Ehe ist ein hin und wieder gemachtes teures Geschenk wesentlich wirksamer.

Anleihen

Sind kompliziert und lohnen sich nicht. (Muss ich mehr sagen?)

Hebelprodukte

Nur für Profis und Glücksspieler empfehlenswert.

Profi

= Erfahrung x Können

Erfahrung

= Zeit x Fehler

Trader

Jemand, der täglich an der Börse (mit Aktien oder Optionen oder anderem) spekuliert.

Small Caps, Tech, Nasdaq, Dow, Russel, S&P, Arbitrage, Derivate, EPS, Guidance, KGV, etc.

Es gibt gute Börsenbücher von z.B. Beate Sander, die Ihnen die Basics vermitteln. Lassen Sie sich von den Begriffen aber nicht abschrecken, sie zu kennen, ist nicht das Wichtigste.

Marge

Für mich die wichtigste Kennzahl eines Unternehmens und seiner Produkte. Die Marge gibt Sicherheit nicht nur bei Inflation, sondern auch bei unvorhersehbaren Katastrophen, Management-Fehlern und Lieferengpässen.

Biffy Clyro

Großartige Band aus Schottland.

Mercedes /8

Bestes jemals von Mercedes gebautes Auto.

Einen 200D von 3/1973 habe ich von 1992 bis 1998 auf ca. 300.000 Kilometer relativ problemlos gefahren (Verbrauch: 6,5 Liter auf 100 Kilometer).

Wim Hof

Seine Erkenntnisse zur positiven Wirkung von Kälte und Atemtechnik auf den Körper werden allmählich auch von Medizinern anerkannt und sind von Neurobiologen in Versuchen verifiziert worden.

Lao Tse

chinesisch

Begründer des Daoismus (siehe *Dao de jing, Tao te king*).

Cui bono

Geht auf Cicero und Seneca zurück und ist die Frage danach, wer von Geschehnissen profitiert bzw. wem sie nützen.

BAFA und KfW

Förderprogramme des Staates, die billige Kredite und Subventionen bieten.

Der Staat möchte, dass Sie etwas tun, aber auch nur das. Hier geht es nicht um Eigeninitiative, Sparen, logisches Denken, sinnvolles Handeln.

Außerdem müssen Sie mindestens studiert haben, um diese Konstrukte zu verstehen.

ETF

Exchange-Traded Funds oder auch (börsengehandelte) Indexfonds genannt, z.B. auf MSCI World oder DAX, aber auch auf andere Anlagen.

MSCI World

Der MSCI World ist ein internationaler Aktienindex, der die Wertentwicklung von mehr als 1.500 Unternehmen abbildet.

Haltung

Welche Art von Investor will ich eigentlich sein?
Will ich an Rüstung und Krieg Geld verdienen?

Fuck off Money

Geld, das Sie benötigen, um Ihrem Boss zu sagen, wohin er sich das neue „spannende Projekt" schieben kann.
Drei bis fünf Monatsgehälter Puffer, falls Sie schuldenfrei sind.

Schulden

Alle Schulden sind erst einmal schlecht und sollten so schnell wie möglich beglichen werden. So lange Sie Ihr Konto überziehen, ist es sinnlos, in Aktien zu investieren.

Gute Schulden

Ein Immobilienkredit für 1,5 % bei einer Inflation von 5 % bedeutet eine Rendite von 3,5 %.

Eine gute Investment-Strategie

(… ist immer eine Risiko-Allokation.)

Das Gesamtbild ist entscheidend!

Bin ich z.B. Beamter, kann ich, unter Berücksichtigung der persönlichen Vermögenssituation, bei Aktien mehr Risiko gehen.

NACHWORT UND DANK

Danke schön an Nadine, dass Sie mich mit auf diese Reise genommen hat.

Außerdem einen ganz allgemeinen Dank an alle, die mich zu diesen Texten inspiriert und ermuntert haben und einen besonderen Dank an Anna Schumacher für das Lektorat.

Da ich ein „Glas halb voll" kind of guy bin, muss ich wohl auch der Pandemie danken, dass sie mich hat erkennen lassen, wie man in einen Zeitüberschuss kommt.

Der größte Dank gilt meiner Frau. Sie versteht, dass ich kein Dostojewski bin, toleriert aber trotzdem, dass ich schreibe.

Danke, mein Schatz!

ANHANG

Ich habe von den folgenden Personen am meisten gelernt. Diese Liste soll Ihnen ein Anhaltspunkt sein, falls Sie sich tiefergehend mit einzelnen Themen befassen wollen.
Ich verallgemeinere aus Platzgründen in den Überschriften. Bücher sind kursiv geschrieben. Andere Quellen sind Podcasts und das World Wide Web.

Denkfehler
Rolf Dobelli – *Die Kunst des klugen Handelns – Die Kunst des klaren Denkens – Die Kunst des guten Lebens – Die Kunst des digitalen Lebens*

Denkprozesse
Daniel Kahneman – *Schnelles Denken, langsames Denken*

Behavioral Economics
Richard H. Thaler – *Misbehaving*

Wahrscheinlichkeiten und anderes
Nassim Taleb – *Der schwarze Schwan*

Verhandlungstaktiken
Chris Voss – *Never split the difference*

Geld und Leben

André Kostolany – *Die Kunst, über Geld nachzudenken*

Buffet, Munger – Berkshire annual shareholders meeting auf CNBC

Mohnish Pabrai – Chai with Pabrai und andere

Robert Kiyosaki – Rich dad radio show

Neuroscience, Ernährung, Medizin

Huberman Lab, Kurt Mosetter

Psychologie, Philosophie

Jordan Peterson

Lao Tse

Marcus Aurelius

Autoren (die in alle diese Bereiche vorstoßen)

T.C. Boyle, Jonathan Franzen, Janwillem van de Wetering, Daniel Kehlmann, Sven Regener, Juli Zeh

DISCLAIMER

Alles, was ich auf den vorhergehenden Seiten geschrieben habe, ist weder Anlageberatung, Rechtsberatung noch Steuerberatung. Ich rate nicht zum Kauf und auch nicht zum Verkauf von Aktien, Anleihen, Gold oder Krypto.

Ich vertrete hier ganz allein meine Meinung und habe meine Gedanken zu Investments auf Papier gebracht.

Was der geneigte Leser daraus ableitet und welche Handlungen er danach vollzieht, bleibt ihm überlassen und ist sein eigenes Risiko.

Dafür übernehme ich keine Haftung. Genauso wenig übernehme ich eine Haftung für die aufgeführten Quellen und Zahlen.